Lukas Ott, Roland Plattner, Franziska Ritter,
Ruth Voggensperger (Hrsg.)

Miir wäi fürsi luege. Szenarien für den Kanton Basel-Landschaft 2030.

Mit Beiträgen von Kathrin Amacker, Denise Buser, Patrick Leypoldt, Ueli Mäder, Stephan Mathis, Lukas Ott, Roland Plattner, Isaac Reber, Franziska Ritter, Ruth Voggensperger, Daniel Wiener sowie Urs Wüthrich-Pelloli

Tagungsband «Baselland 2030»
21. April 2012, Schloss Ebenrain, Sissach

2012

Herausgeber:
lic. phil. Lukas Ott, Liestal
Dr. iur. Roland Plattner, Reigoldswil
lic. iur. Franziska Ritter, Basel
lic. iur. Ruth Voggensperger, Basel

Lektorat:
lic. phil. Lukas Ott, Liestal

Herausgeberkommission «Recht und Politik im Kanton Basel-Landschaft»:
Dr. iur. Alex Achermann, Binningen
lic. iur. Stephan Mathis, Arlesheim
Dr. iur. Peter Meier, Lupsingen
Dr. iur. Roland Plattner, Reigoldswil
Peter Plattner, Ormalingen
lic. iur. Franziska Ritter, Basel
Prof. Dr. Markus Schefer, Münchenstein
lic. iur. Ruth Voggensperger, Basel

Satz/Druckvorstufe: Proacteam AG, Allschwil
Umschlaggestaltung: Albert Gomm SGD, Basel
(unter Verwendung einer Vorlage von Beat Roth)

Basel-Landschaft

Diese Publikation wurde mit Mitteln
aus dem Swisslos-Fonds ermöglicht.

© Copyright  Liestal 2012

Auskunft/Bestellung: 061 552 60 20 oder www.verlag.bl.ch

ISBN: 978-3-85673-329-2   EAN 9783856733292

Inhaltsverzeichnis

	Seite
Programm	3
Liste der Teilnehmerinnen und Teilnehmer	5

Vorwort
Lukas Ott / Roland Plattner / Franziska Ritter / Ruth Voggensperger — 9

Bergrüssung
Stephan Mathis — 13

Einführung
Isaac Reber — 17

Szenarien aus Sicht des Staatsrechts
Politische Strukturen und Aufgaben in der Kantonsverfassung von 1984: Stimmt die Ausrichtung noch im 21. Jahrhundert?
Denise Buser — 21

Szenarien zum sozialen Wandel
Neue Lebensformen und Identität im Kontext der Globalität
Ueli Mäder — 41

Szenarien aus Sicht der Wirtschaft
Die Wirtschaft vor neuen gesellschaftlichen und internationalen Herausforderungen
Kathrin Amacker — 53

Szenarien aus Sicht von Raumentwicklung und Verkehr

Raum und Gesellschaft – welche räumliche Ordnung ist Voraussetzung für eine zukunftsfähige Entwicklung? Welche Kräfte werden unseren Lebensraum massgebend prägen?
Patrick Leypoldt   69

Arbeitsgruppen   79

Arbeitsgruppe «Szenarien aus Sicht des Staatsrechts»   81

Arbeitsgruppe «Szenarien zum sozialen Wandel»   85

Arbeitsgruppe «Szenarien aus Sicht der Wirtschaft»   89

Arbeitsgruppe «Szenarien aus Sicht von Raumentwicklung und Verkehr»   95

Paneldiskussion   99

Zusammenfassungen

Daniel Wiener   105

Urs Wüthrich-Pelloli   109

Ausblick

Lukas Ott / Roland Plattner / Franziska Ritter / Ruth Voggensperger   113

Verzeichnis der Autorinnen und Autoren   117

«BL 2030» – Tagungsprogramm vom 21.4.2012, Schloss Ebenrain, Sissach

9.00 Uhr Begrüssung, Zielsetzung
Stephan Mathis, lic. iur., Präsident der Herausgeberkommission Recht und Politik im Kanton BL, Generalsekretär SID
Daniel Wiener, Journalist BR, GL-Mitglied ecos, Tagungsmoderator

Einführung
Regierungsrat **Isaac Reber,** Vorsteher der Sicherheitsdirektion des Kantons BL

9.30 Uhr **Szenarien aus Sicht des Staatsrechts:** Politische Strukturen und Aufgaben in der Kantonsverfassung von 1984: Stimmt die Ausrichtung noch im 21. Jahrhundert?
Denise Buser, Prof. Dr. iur., Titularprofessorin für kantonales öffentliches Recht, Universität Basel

10.00 Uhr **Szenarien zum sozialen Wandel:** Neue Lebensformen und Identität im Kontext der Globalität
Ueli Mäder, Professor für Soziologie, Basel

10.30 Uhr **Szenarien aus Sicht der Wirtschaft:** Die Wirtschaft vor neuen gesellschaftlichen und internationalen Herausforderungen
Kathrin Amacker, Dr. phil., Head of Corporate Communications Swisscom AG, Präsidentin Regio Basiliensis

11.00 Uhr Pause

11.30 Uhr **Szenarien aus Sicht von Raumentwicklung und Verkehr:** Raum und Gesellschaft – welche räumliche Ordnung ist Voraussetzung für eine zukunftsfähige Entwicklung? Welche Kräfte werden unseren Lebensraum massgebend prägen?
Patrick Leypoldt, Dr. phil., Leiter Geschäftsstelle Agglomerationsprogramm Basel

12.00 Uhr	Plenumsdiskussion
12.45 Uhr	Lunch
14.00 Uhr	Diskussion in Arbeitsgruppen
15.30 Uhr	Zusammenführung im Plenum
16.15 Uhr	**Paneldiskussion mit den Referent/innen und unter Einbezug des Publikums,** Moderation: **Daniel Wiener**
	Zusammenfassung Regierungsrat **Urs Wüthrich-Pelloli,** Vorsteher der Bildungs-, Kultur- und Sportdirektion des Kantons BL
17.00 Uhr	**Ende der Tagung**

Chatham-House-Regel
(für die Diskussionen in den Arbeitsgruppen und im Plenum)

Chatham House ist in englischsprachigen Ländern für die Etablierung einer nach diesem Institut benannten Verschwiegenheitsregel bekannt, der *Chatham House rule*. In offizieller deutscher Übersetzung besagt sie:

«Bei Veranstaltungen (oder Teilen von Veranstaltungen), die unter die Chatham-House-Regel fallen, ist den Teilnehmern die freie Verwendung der erhaltenen Informationen unter der Bedingung gestattet, dass weder die Identität noch die Zugehörigkeit von Rednern oder anderen Teilnehmenden preisgegeben werden dürfen.»

Liste der Teilnehmerinnen und Teilnehmer

Name	Institution
Bachmann, Hans Rudolf	Geschäftsführer Vereinigung für eine Starke Region
Banny, Dominik	Vorstand Vereinigung für eine Starke Region
Bergamaschi, Crispino	Direktionspräsident FHNW
Bieri, Paul	Gemeinderat Sissach
Brassel, Ruedi *	Landrat SP BL
Brunner, Andreas	Kantonsgerichtspräsident
Bühler, Christian	Studienleiter Tagungszentrum Leuenberg
Bühlmann, Roland P.	Vorstand Handelskammer beider Basel, Bühlmann Labor AG
Bürgin, Matthias	Geograf, Raumplaner
Büschlen, Beatrice	Bildungsrätin
Büttiker, Hans	Vorstand Handelskammer beider Basel, CEO EBM
Chrétien, Urs	Geschäftsführer Pro Natura Baselland
Csontos, Bálint	Gymnasiast, Gymnasium Liestal
Dällenbach, Timo	Gymnasiast, Gymnasium Liestal
de Courten, Thomas	Nationalrat SVP BL
Epple, Raja	Gymnasiastin, Gymnasium Liestal
Fischer, Marco	Handelskammer beider Basel, Unternehmer
Fritz, Sara	Landrätin EVP BL, Co-Präsidentin JEVP CH
Gloor, Mariann	Vorstand Gewerkschaftsbund
Hasler, Simon	Gymnasiast, Gymnasium Liestal
Hess, Helene	Kantonsrichterin
Hiltwein, Karin	Generalsekretärin FHNW
Huber, Isidor	Rektor Gymnasium Laufen
Huggel, Hanni *	Landrätin SP BL
Jakob, Eric	Geschäftsführer Regio Basiliensis

Jermann, Benno	Gemeindepräsident Zwingen	
Joset, Marc *	Landrat SP BL	
Kirchmayr, Klaus	Landrat Grüne BL	
Klein, Andres	Präsident Waldwirtschaftsverband beider Basel	
Kubli, Sabine	Leiterin Fachstelle für Gleichstellung von Frau und Mann	
Leber, Martin	Justizverwalter	
Leuenberger, Marcel	Präsident Bezirksgericht Arlesheim	
Leugger-Eggimann, Urs	Landrat Grüne BL	
Loeb, Christoph	Leiter Stab / Nachhaltigkeit Basellandschaftliche Kantonalbank	
Mann, Gerhard	Leiter Bereich Bewilligungen, Freiheitsentzug und Soziales SID	
Mati, Anne	Bildungsrätin, Gemeinderätin	
Merkofer-Häni, Anne	Gemeindepräsidentin Bottmingen	
Merz, René	Stv. Generalsekretär VGD, Leiter Abteilung Volkswirtschaft	
Meyer, Franz	Landrat CVP BL	
Mohn, Sabrina	Landrätin CVP BL	
Mueller, Catherine	Kommission für Gleichstellung, Präsidentin	
Müller, Erwin	Gemeindepräsident Bubendorf	
Mustafa, Linda	Schülerin FMS, Liestal	
Nadakavukaren Schefer, Krista	SNF Förderprofessorin Völkerrecht/ Wirtschaftsvölkerrecht	
Neuner, Anja	Gymnasiastin, Gymnasium Liestal	
Oberer, Suzanne	Präsidentin Basellandschaftl. Natur- und Vogelschutzverband	
Rattaggi, Oriana Elena	Schülerin FMS, Liestal	
Rois, Denise	Fachstelle Erwachsenenbildung, Dienststellenleiterin	
Roth, Urs	Stv. Kantonsingenieur, Leiter Geschäftsbereich Verkehr	

Rudin, Beat	Lehrbauftragter für öffentliches Recht Universität Basel	
Ruetz, Regula	Direktorin metrobasel	
Schafroth, Gerhard	Landrat GLP BL	
Schärer, Jürg	Vizepräsident Regio Basiliensis	
Schmidt, Andreas	Gemeinderat Lausen	
Schneider-Schneiter, Elisabeth *	Nationalrätin CVP BL	
Schweizer, Kathrin *	Landrätin SP BL	
Schwörer, Daniel	Leiter Stabsstelle Gemeinden	
Seiler, Jacqueline	Kommission für Gleichstellung, Fachbereich Bildung & Kultur	
Seiler, Daniel	Präsident Strafgericht	
Stingelin, Martin	ERKBL, Kirchenratspräsident	
Suter, Dani	Leiter Augusta Raurica	
Sutter, Markus	Felix-Platter-Spital, Kommunikationsbeauftragter	
Trinkler, Simon	Landrat Grüne BL	
Ullrich, Niggi	Leiter Abteilung Kulturelles	
Vischer, Ueli	Präsident Universitätsrat	
Vogel, Franz	Geschäftsführer Ausländerdienst	
Vögtli, Christian	Jugendrat	
Von Ins, Hansjörg	Centerleiter TCS	
Wagner-Salathe, Doris	ERKBL	
Weber, Jakob	Gymnasiast, Gymnasium Liestal	
Weisskopf, Raymond	Vizepräsident FHNW	
Welten, Iris	CEO BaselArea	
Werthmüller, Regina *	Landrätin Grüne BL	
Zemp, Stefan	Landrat SP BL	
Züllig, Kurt	Gemeinde-Vizepräsident Ettingen	

* = *Teilnahme nur Vormittag*

Medien

Erni, Benedikt	SRF, Redaktor Regionalredaktion BS/BL
Gohl, Jürg	Volksstimme
Gusewski, Marc	Journalist
Immoos, Thomas	Basellandschaftliche Zeitung
Kobell, Daniel	Spatz Zeitung
Künzle, Patrick	SRF, Redaktor Regionalredaktion BS/BL
Leuenberger, Nathan	Radio X
Redaktion	Tele Basel

Referentinnen und Referenten

Amacker, Kathrin	Leiterin Unternehmenskommunikation Swisscom AG
Buser, Denise	Titularprofessorin für kantonales öffentliches Recht, Uni Basel
Leypoldt, Patrick	Geschäftsstelle Agglomerationsprogramm Basel
Mäder, Ueli	Professor für Soziologie, Basel
Mathis, Stephan	Generalsekretär SID
Reber, Isaac	Regierungsrat, Vorsteher SID
Wüthrich-Pelloli, Urs	Regierungsrat, Vorsteher BKSD

Tagungsmoderation

Wiener, Daniel	Journalist BR, Geschäftsleitung ecos

Tagungsvorbereitung

Ott, Lukas	Soziologe, Politikforschung & Kommunikation
Plattner, Roland	Generalsekretär BKSD
Ritter, Franziska	Ecoconsult Ritter, Basel
Voggensperger, Ruth	stv. Leiterin Rechtsdienst Schweizerisches Rotes Kreuz

Vorwort

«Der beste Weg, die Zukunft vorauszusagen, ist, sie zu gestalten.» Willy Brandt

lic. phil. Lukas Ott, Dr. iur. Roland Plattner, lic. iur. Franziska Ritter, lic. iur. Ruth Voggensperger

In den letzten Jahren hat sich die Herausgeberkommission «Recht und Politik im Kanton Basel-Landschaft» im Sinne eines publizistischen Schwerpunktes auf die Erarbeitung der Sammelbände des "Staats- und Verwaltungsrechts des Kantons Basel-Landschaft" konzentriert. Diese Bände sind seit 1998 in regelmässiger Folge erschienen. Dank dieser kontinuierlichen Herausgabe konnte die fortlaufende Entwicklung im Bereich des kantonalen Staats- und Verwaltungsrechts abgebildet werden. «Die Redaktionskommission hofft und erwartet, mit dem Staats- und Verwaltungsrecht des Kantons Basel-Landschaft einen qualifizierten und nützlichen Beitrag an die Kenntnis des kantonalen öffentlichen Rechts und an dessen Handhabung zu leisten.» So umschrieb Prof. Dr. Kurt Jenny im Vorwort des ersten von bisher fünf Bänden die Zielsetzung des publizistischen Vorhabens. Es liegt in der Natur der Sache, dass die bisher veröffentlichten Beiträge im Wesentlichen auf wichtige Gesetzgebungen und politischen Prozesse zurückblicken und diese dokumentieren. Der Blickwinkel ist dementsprechend hauptsächlich restrospektiv ausgerichtet.

Die Herausgeberkommission «Recht und Politik» möchte diesen publizistischen Schwerpunkt weiterführen. Sie möchte jedoch nicht ausschliesslich das Zurückliegende sichern sowie das Bestehende erklären und zu seinem Verständnis beitragen, sondern sie möchte auch vorausblicken können. Die Auseinandersetzung mit zentralen Fragen der Zukunft unseres Kantons sowie der Blick von aussen cheinen der Kommission in der Reihe «Recht und Politik» ebenso wichtig zu sein. Der Blickwinkel der Herausgeberschaft soll sich auch prospektiven Fragestellungen widmen können.

So ist der Kanton Basel-Landschaft in verschiedenen Feldern seines Handelns mit Fragen des Wandels konfrontiert. Diese Felder sind miteinander verknüpft und schwer voneinander zu trennen. An der Tagung «Miir wäi fürsi luege – Szenarien für den Kanton BaselLandschaft 2030» vom 21. April 2012 im Schloss Ebenrain in Sissach sollten deshalb mögliche Entwicklungspfade aus unterschiedlicher Perspektive dargestellt und zusammengefügt werden.

Die Tagung bezweckte, einen breiten Dialog über die wichtigsten Herausforderungen und die zentralen Fragen der Zukunft unseres Kantons auszulösen und zu beleben – ein Dialog, der über den Zeithorizont der etablierten Planungsinstrumente hinausreicht und Langzeitplanungen mit zukunftsgerichteten Fragestellungen und Szenarien anreichern soll. Mit rund hundert Vertreterinnen und Vertetern aus verschiedenen fachlichen, gesellschaftlichen und wirtschaftlichen Bereichen, aus unterschiedlichen politischen Behörden und Verwaltungsbereichen der Kantons- und der Gemeindeebene sowie aus verschiedenen Generationen wurden konkrete Impulse zu den Zukunftsperspektiven und zur Entwicklung des Kantons Basel-Landschaft in 20-30 Jahren erarbeitet. Im vorliegenden Band werden die im Rahmen der Veranstaltung erarbeiteten Inputs und Szenarien einem breiteren Kreis zugänglich gemacht.

Vorbereitet wurde die Tagung durch einen Arbeitsausschuss der Herausgeberkommission «Recht und Politik» (Dr. iur. Peter Meier; lic. phil. Lukas Ott, Projektleiter; Dr. iur. Roland Plattner; lic. iur. Franziska Ritter; lic. iur. Ruth Voggensperger). Sie konnten namhafte Referentinnen und Referenten gewinnen, die aus verschiedener Perspektive einen fachlichen Input leisteten und die Diskussionen in Arbeitsgruppen und im Plenum anregten. Es waren dies Prof. Dr. iur. Denise Buser (Titularprofessorin für kantonales öffentliches Recht, Universität Basel) zu Szenarien aus Sicht des Staatsrechts, Prof. Dr. Ueli Mäder (Professor für Soziologie, Basel) zu Szenarien zum sozialen Wandel, Dr. phil. Kathrin Amacker (Leiterin Unternehmenskommunikation Swisscom AG, Präsidentin Regio Basiliensis und e. Nationalrätin) zu Szenarien aus Sicht der Wirtschaft sowie Dr. phil Patrick Leypoldt (Leiter Geschäftsstelle Agglomerationsprogramm Basel) zu Szenarien aus Sicht von Raumplanung und Verkehr.

Die Einführung und die zusammenfassende Schlussbetrachtung der von Daniel Wiener (Journalist, Geschäftsleitungsmitglied ecos) moderierten Tagung wurden von den Regierungsräten Isaac Reber (Vorsteher der Sicherheitsdirektion) und Urs Wüthrich-Pelloli (Vorsteher der Bildungs-, Kultur und Sportdirektion) sowie lic. iur. Stephan Mathis (Präsident Herausgeberkommission «Recht und Politik im Kanton Basel-Landschaft», Generalsekretär Sicherheitsdirektion) übernommen.

Alle diese Beiträge werden im vorliegenden Band wiedergegeben. Zudem werden auch die Diskussionen in den Arbeitsgruppen sowie die Diskussionen im Plenum zusammenfassend dokumentiert. Aufgelockert wird der Band durch Beschreibungen und Skizzen von Perspektiven für den Kanton Basel-Landschaft, die von Teilnehmenden der Tagung im Vorfeld eingesandt und anschliessend von einer Gruppe von visuellen Gestaltern umgesetzt wurden. Die gesammeltem Beiträge wurden an der Tagung auch zur Szenografie eingesetzt.

Die Frage, welche Optionen aus dem einen sich am besten mit welchen Optionen aus den anderen Themenbereichen verbinden lassen, muss in dieser Publikation offengelassen werden. Die Herausgeberinnen und Herausgeber sind überzeugt, dass Szenarien erst in der Vorstellung der Leserinnen und Leser konkrete Gestalt annehmen – abhängig auch von ihrer Werthaltung. Die an der Tagung erarbeiteten Inhalte sollen deshalb vor allem im Sinne eines Instruments zur Meinungsbildung und Kommunikation zugänglich gemacht werden.

Für die Herausgeberschaft erfüllt der vorliegende Tagungsband seinen Zweck dann am besten, wenn er einen Ausgangspunkt für weitere Auseinandersetzungen bilden kann und der damit begonnene Dialog von einer interessierten Öffentlichkeit sowie den kantonalen Behörden in geeigneter Weise fortgesetzt wird. Der Ausblick am Schluss des Tagungsbandes enthält deshalb verschiedene Überlegungen, wie der lebendige Dialog im Sinne eines partizipativen Prozesses fortgesetzt werden könnte.

Der Regierungsrat des Kantons Basel-Landschaft förderte die Tagung und die vorliegende Publikation mit einem grosszügigen Beitrag aus dem Swisslos-Fonds Basel-Landschaft, ohne den dieses Vorhaben nicht hätte realisiert werden können. Dafür sei an dieser Stelle herzlich gedankt.

Liestal, im September 2012

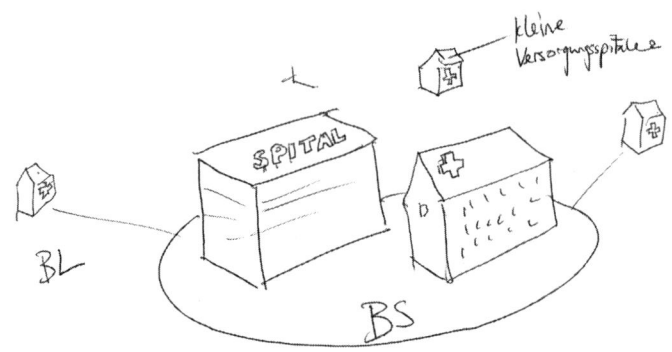

STOP mit der Abschottung + Selbstgenügsamkeit

Begrüssung

lic. iur. Stephan Mathis, Generalsekretär der Sicherheitsdirektion des Kantons Basel-Landschaft

Liebe Tagungsteilnehmerinnen und Tagungsteilnehmer

Es freut uns ausserordentlich, Sie alle an diesem vielversprechenden Frühlingssamstag hier im Schloss Ebenrain in Sissach zur Tagung «Baselland 2030» begrüssen zu dürfen. Die Resonanz auf unsere Einladung war ausserordentlich erfreulich. Die negative Kehrseite des überaus grossen Zuspruchs ist, dass wir 45 Personen, die sich angemeldet haben, leider absagen mussten. Ich muss nicht weiter erläutern, dass uns dieses Vorgehen äusserst schwergefallen ist und dass wir diesen Schritt sehr bedauern. Die Begrenzung der Teilnehmerinnen und Teilnehmer auf höchstens 100 Teilnehmende schien uns aber erforderlich, damit die Diskussionen in den Workshops und im Plenum in einem inspirierenden, den Dialog fördernden Rahmen stattfinden können. Neben dem Kriterium des Zeitpunkts der Anmeldung haben wir bei der Berücksichtigung der Teilnehmerinnen und Teilnehmer darauf geachtet, dass die Bereiche Wirtschaft und Gesellschaft, Wissenschaft, Schülerinnen und Schüler sowie die kommunalen, kantonalen und eidgenössischen Behörden ausgewogen vertreten sind. Dadurch soll ermöglicht werden, dass die Diskussion über den Kanton Basel-Landschaft im Jahr 2030 auf einer möglichst repräsentativen Grundlage geführt werden kann.

Wir freuen uns sehr, dass Sie unserer Einladung gefolgt sind und wir danken Ihnen, dass Sie uns Ihre Zeit für das Tagungsthema «Mir wäi fürsi luege», Szenarien für den Kanton Basel-Landschaft 2030, zur Verfügung stellen. Ich versichere Ihnen, dass wir Ihre Mitwirkung sehr schätzen und ich hoffe, dass Sie für Ihre eigene Meinungsbildung und für Ihr künftiges Engagement von dieser Tagung profitieren können.

Unserer besonderer Dank gilt dem Tagungsmoderator Daniel Wiener und speziell auch allen Referentinnen und Referenten: Ohne Ihren Input und Ihre Impulse könnten wir die Tagung nicht durchführen. Es ist für uns keineswegs selbstverständlich, dass ausgewiesene Experten und Expertinnen unsere Tagung mit Ihren Beiträgen, die wir voller Spannung erwarten, entscheidend mitgestalten.

Die Durchführung der Tagung samt der Drucklegung und der Publikation der Referate und der Diskussionsergebnisse kann trotz mannigfachen ehrenamtlichen Engagements nicht ganz kostenlos gestaltet werden. Wir sind der Baselbieter Kantonsregierung – sie ist hier durch Regierungsrat Isaac Reber und durch Regierungsrat Urs Wüthrich vertreten – sehr dankbar, dass sie aus dem Swisslos-Fonds einen namhaften Betrag bewilligt hat, der die Realisierung dieser Tagung überhaupt erst ermöglicht. Herzlichen Dank!

Sie werden sich beim Erhalt unserer Einladung eventuell gefragt haben: Wer ist die Herausgeberkommission «Recht und Politik im Kanton Basel-Landschaft» und wie kommt sie dazu, diese Tagung durchzuführen? Ohne den Stellenwert unserer Kommission überschätzen zu wollen, informiere ich Sie dazu gerne in aller Kürze: Die Herausgeberkommission «Recht und Politik» gibt im Auftrag des Regierungsrats die Schriftenreihe «Recht und Politik» heraus. Seit 1981 hat die Kommission 27 Bände publizieren dürfen. Dazu gehören beispielsweise die Dokumente zur Totalrevision der basellandschaftlichen Staatsverfassung und zur Aufnahme des Amtsbezirks Laufen in den Kanton Basel-Landschaft sowie Dissertationen zum kantonalen Recht und zu Reformprojekten in unserem Kanton. Unter dem Titel «Staats- und Verwaltungsrecht des Kantons Basel-Landschaft» haben wir bisher vier Bände mit kommentierenden und erläuternden Beiträgen zum öffentlichen Recht unseres Kantons herausgegeben. Der fünfte Band dieser Reihe wird im November dieses Jahres erscheinen. Selbstverständlich nehme ich die Gelegenheit gerne wahr, Ihnen dieses Werk, dessen Beiträge wiederum zur Hauptsache von Fachleuten aus der kantonalen Verwaltung verfasst wurden, schon jetzt zur Lektüre zu empfehlen.

Die bisherigen Publikationen unserer Kommission haben mehrheitlich einen retrospektiven Ansatz. Mit dem Projekt der heutigen Tagung «Baselland 2030» möchten wir die prospektive Sicht in unsere Arbeit einbringen und einen Beitrag – ich sage bewusst *einen* Beitrag – zum breiten und lebendigen Dialog über die wichtigsten Herausforderungen unseres Kantons leisten. Wenn es heute gelingt, die Diskussion über grundlegende Zukunftsfragen unseres Kantons mit Impulsen, Szenarien, Perspektiven und neuen Ideen anzureichern, hat die Tagung ihr Ziel aus unserer Sicht erreicht.

Wir sind überzeugt, dass der Dialog über die Zukunft unseres Kantons auf möglichst vielen Ebenen mit Vertreterinnen und Vertretern der verschiedenen fachlichen, gesellschaftlichen und politischen Bereiche stattfinden soll und muss. Wir haben allen Grund, diesen Diskurs über die ganz so ferne Zukunft unseres Kantons positiv, zuversichtlich, selbstbewusst, kreativ und auch freudvoll zu führen.

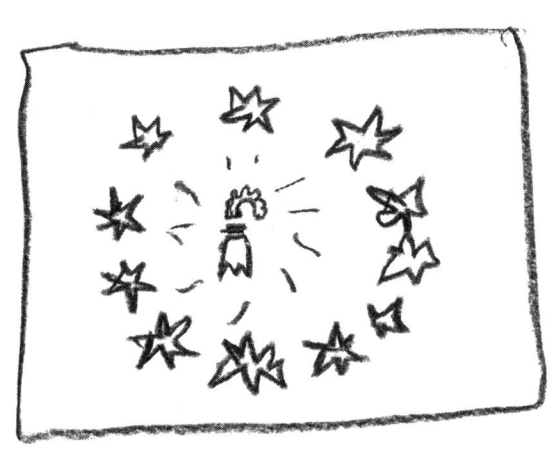

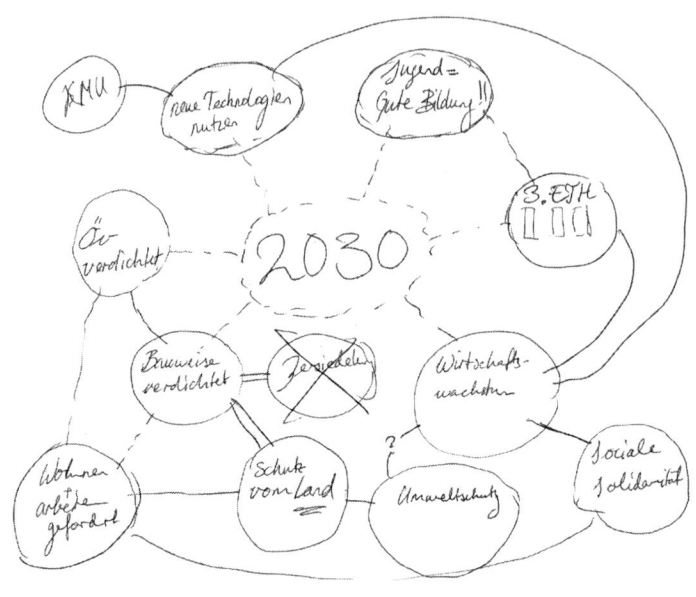
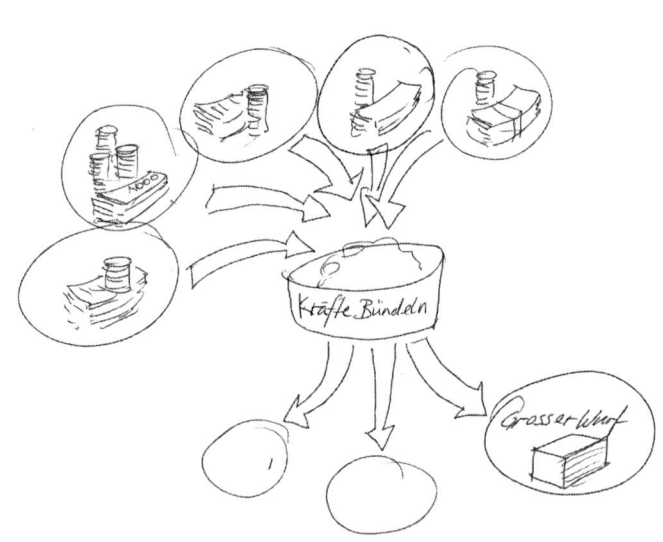

Einführung

Regierungsrat Isaac Reber, Vorsteher der Sicherheitsdirektion des Kantons Basel-Landschaft

Geschätzte Anwesende,

«Miir wäi fürsi luege!» Das Motto dieser Tagung hat mich als Regierungsrat gefreut! Denn es signalisiert Aufbruchstimmung. Derzeit hilft es auf jeden Fall mehr als das doch behäbige «mir wäi luege»! Auch wenn – und das ist mir wichtig! – es manchmal gar nicht so schlecht ist, ein bisschen behäbig zu sein: Wenn das Behäbige dazu dient, nicht «blind dreinzuschiessen», sondern sich zuerst ein paar Gedanken zu machen.

Gedanken haben auch **wir** uns im Regierungsrat gemacht. Denn wir haben die Aufgabe, uns um das Wohl des Kantons zu kümmern. Und das heisst: Nicht nur von Legislatur zu Legislatur zu planen, sondern ein bisschen darüber hinaus.

«Dem weht kein Wind, der keinen Hafen hat, nach dem er segelt.»

Der französische Schriftsteller und Philosoph Michel de Montaigne hat uns im Regierungsrat mit seinem Zitat quasi das Programm vorgegeben – auch wenn er das im 16. Jahrhundert natürlich noch nicht gewusst hat!

In der Regierung haben wir erkannt, dass es höchste Zeit ist, klare strategische Ziele, einen Hafen quasi, zu definieren. Und da wollen wir als Team hin. Vielleicht erinnern Sie sich noch an den Auftritt der Gesamtregierung Anfang Februar. Wir wollen dem Baselbiet neue Perspektiven geben – aus einem behäbigen Kanton wieder einen blühenden machen!

Damit unser Schiff aber in See stechen kann, muss es erst wieder flott gemacht werden. In den vergangenen Jahren ist unser Haushalt in Schieflage geraten, und noch schlimmer: Der Kurs stimmt definitiv nicht mehr. Das Prinzip der Nachhaltigkeit gilt eben auch bei den Finanzen. Auch wenn es uns allen irgendwo vielleicht nicht so richtig schmeckt: Wir brauchen dieses Entlastungspaket, damit wir nicht manövrierunfähig werden. Die Gleichung ist nämlich ganz einfach: Ohne Handlungsfähigkeit gibt es keine neuen Projekte und ohne neue Projekte keine neuen Perspektiven.

Wir wollen aber nicht nur sparen, sondern uns wieder mehr auf unsere Stärken besinnen. Wir sind Teil der zweitstärksten Wirtschaftsregion der Schweiz. Unsere Unternehmen tragen aber nur rund 10 % des Gesamtsteueraufkommens bei. Das ist weit weniger als der schweizerische Durchschnitt. Da können wir zulegen, und das müssen wir auch. Wenn wir wieder vorwärtskommen wollen, müssen wir uns in den nächsten Jahren auf wenige Schwerpunkte konzentrieren!

Deshalb stehen für uns die wirtschaftspolitischen Perspektiven mit ihren vier Stossrichtungen im Vordergrund:

1. Erhöhung des Steuerertrags der juristischen Personen;
2. Definition und Stärkung von strategischen Entwicklungsgebieten;
3. Schaffung eines Kompetenzzentrums für Wirtschaftsentwicklung und Standortmarketing;
4. Stärkung des Forschungs- und Innovationsstandorts Nordwestschweiz.

In der Regierung haben wir uns dafür ein weit engeres zeitliches Korsett gegeben als diese Tagung: gute zwei Legislaturen nämlich, also bis rund 2020. Damit wir die wirtschaftspolitischen Perspektiven umsetzen können, müssen wir einerseits unsere Hausaufgaben machen. Das alleine reicht aber nicht. Wenn wir ein wirklich gutes Umfeld schaffen wollen, wenn wir in unserer Region Spitzenforschung, Top-Hochschulen und Spitzenmedizin wollen, dann gelingt uns dies nur gemeinsam mit unseren Nachbarn. Isoliert geht das nicht. Wir sitzen hier alle im selben Boot. Wir müssen uns auf der Kommandobrücke einigen, welchen Kurs wir fahren wollen. Der «Hafen, wohin wir segeln» heisst also: ein starker Kanton in einer starken Region.

Wir wollen deshalb die Partnerschaftspflege mit unseren Nachbarschaftskantonen verstärken. Dies ist eines von unseren Legislaturzielen. Wenn wir aber eine starke Region bleiben wollen, müssen wir auch den Bund noch stärker in den Fokus nehmen. Unsere Region leistet einen überproportionalen Anteil an die gesamte Wertschöpfung. Dafür bekommen wir aber viel zu wenig zurück.

Nehmen wir zum Beispiel die Hochschulen: Sie stehen in einem so starken internationalen Wettbewerb, dass die Kantone zunehmend Mühe haben werden, sie auf hohem Niveau zu tragen. Jammern nützt aber nichts. Wir müssen den Bund als Region gemeinsam mit konkreten Taten überzeugen, dass der Nutzen einer Stärkung der Wirtschaftsregion Nordwestschweiz nicht nur für uns selbst, sondern auch für die ganze Schweiz offensichtlich ist. Auch dies ist eines unserer Legislaturziele.

Gehen wir nun aber von ganz oben – vom Bund – wieder ganz nach unten, zu den Gemeinden. Ich habe vorhin gesagt, dass wir es nicht alleine schaffen. Das gilt für uns in der Regierung, das gilt aber auch für unsere 86 Gemeinden! Zu diesem Zweck haben der Gemeindeverband und wir im letzten November die «Tagsatzung Baselbieter Gemeinden» ins Leben gerufen. Für den Regierungsrat sind die Gemeinden wichtig. Wir sind überzeugt: Je bürgernäher die Staatsebene, desto effektiver und effizienter ist sie.

Konkret heisst das als Legislaturziel: Der richtige Weg ist es, die Gemeinden zu stärken. Bei neuen oder neu zu verteilenden Aufgaben sollen zuerst die Gemeinden in Betracht gezogen werden. In der heutigen Aufstellung geht das aber nicht, das zeigt allein ein Blick auf den Finanzausgleich unter den Gemeinden. Viele sind heute überhaupt nicht in der Lage, neue Aufgaben zu übernehmen. Es braucht also auch auf dieser Ebene Veränderungen, vielleicht sogar radikale, warum nicht? Das Entscheidende aber ist: Wir wollen diesen Weg mit den Gemeinden gemeinsam gehen. Deshalb wird noch vor der Sommerpause die dritte Tagsatzung stattfinden. Alle Beteiligten sind sich einig, dass dieser Prozess weitergeführt werden und in konkrete Massnahmen münden soll.

Sie sehen: Wir machen uns auch auf Stufe «Strukturen» für den Kanton Gedanken. Denn für ein solches Ziel, wie wir es anpeilen, müssen wir fit sein, müssen die Strukturen stimmen! Und alle, egal auf welcher Stufe, alle müssen wir am selben Strick ziehen!

«Dem weht kein Wind, der keinen Hafen hat, nach dem er segelt.»

Was heisst das jetzt im Hinblick auf die Zukunft, auf den Hafen 2020 oder 2030 für die Kantone Basel-Landschaft und Basel-Stadt? Abgesehen davon, dass dieses Verhältnis mit einer schon fast ärgerlichen medialen Hartnäckigkeit weit schlechter geschrieben wird, als es wirklich ist! Also: Eine Generation nach der letzten Abstimmung stehen wir doch wieder vor der Frage: Wollen wir zusammen oder nicht? Da werden Sie von mir keine verbindliche Antwort bekommen – und ich gehe davon aus: Das haben Sie auch nicht im Ernst erwartet. Abgesehen davon, dass ich mich ja nicht über unsere Kantonsverfassung hinwegsetzen kann und will.

Wenn Sie mir aufmerksam zugehört haben in den letzten Minuten, dann haben Sie hoffentlich das mitgenommen: Mir ist nicht so wichtig, wie wir es tun, sondern dass wir es tun. Das Allerwichtigste überhaupt ist mir, dass in unserer Region die Erkenntnis reift, dass wir alle im selben Boot sitzen. Entscheidend ist deshalb absolut, dass wir zusammenarbeiten. In welcher Form wir das tun, das ist für mich absolut zweitrangig.

Auf uns wartet nun eine ganze Reihe von interessanten Referaten aus den unterschiedlichsten Blickwinkeln zu Baselland 2030. Dazu wünsche ich Ihnen jetzt viel Vergnügen und am Nachmittag spannende Diskussionen, in den Gruppen und im Plenum!

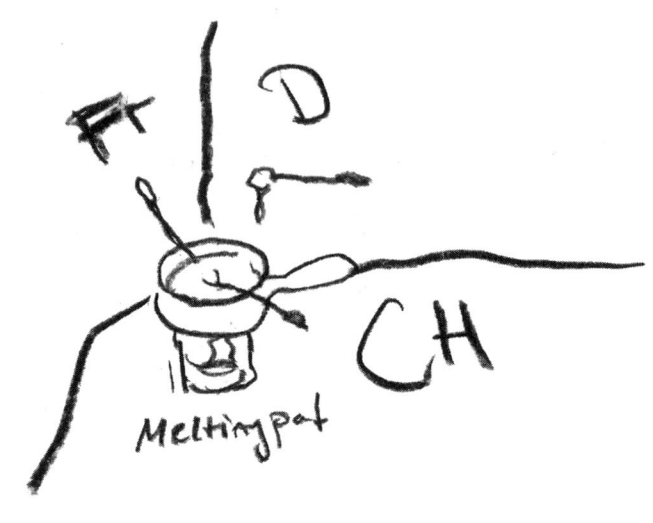

Recht und Zukunft im Kanton Basel-Landschaft

Politische Strukturen und Aufgaben in der Verfassung von 1984:
Stimmt die Ausrichtung noch im 21. Jahrhundert?

Prof. Dr. iur. Denise Buser, Titularprofessorin für kantonales öffentliches Recht, Universität Basel

		Seite
I.	**Einleitung: Recht und Zukunft**	22
II.	**Stimmt die Ausrichtung noch im 21. Jahrhundert?**	22
	A. Aktuelle und künftige Herausforderungen	22
	1. Die Kantonsverfassung von 1984 ist noch relativ «jung»	
	2. Der Kanton Basel-Landschaft im nationalen und im europäischen Kontext	
	3. Planung als Verantwortung gegenüber zukünftigen Generationen	
	B. Szenarium 1	27
	Politische Strukturen und Volksrechte	
	1. Bestandesaufnahme	
	2. Erweiterung des Demos (Stimmrechtsalter, Stimmrecht für Wohnbevölkerung ohne Schweizer Pass)	
	3. Spezialisierung bei der Zukunftsgestaltung oder: Braucht der Kanton Basel-Landschaft einen Zukunftsrat?	
	C. Szenarium 2	31
	Staatsaufgaben: Der Kanton ist für die Menschen da und nicht umgekehrt	
	D. Szenarium 3	32
	Territorium	
	1. Fusionen auf Kantons- und Gemeindeebene	
	2. Wiedervereinigung bzw. Fusion beider Basel	
	E. Zukunft der Kantone kann auch in der erfolgreichen Zusammenarbeit liegen (mit anderen Kantonen und mit dem Ausland)	36
III.	**Fazit und Thesen**	38
	A. Gibt es die Kantone in 50 Jahren noch?	38
	B. Basel-Landschaft 2030: Zusammenfassung in drei Thesen	38

I. Einleitung: Recht und Zukunft

Das Recht gilt gemeinhin als eher konservativ, also nicht sehr geeignet zur Zukunftsplanung. Wenn wir jedoch ein eher überdauerndes Regelsystem haben, dann ist dies vor allem ein demokratisches Abbild der mehrheitsfähigen Auffassungen über das Zusammenleben in diesem Gemeinwesen. Die technische Genese (Schaffung) von Normen selbst ist nämlich äusserst flexibel und relativ einfach. Man könnte z. B. in der elektronischen Textdatei der Bundesverfassung mit der Delete-Taste aus «Basel-Stadt und Basel-Landschaft» in Art. 1 der Bundesverfassung durch das Löschen weniger Buchstaben die beiden Basel zusammenbringen und dann zeitsparend per elektronischem Urnengang (E-Voting) darüber abstimmen lassen. Wenn dabei eine Mehrheit auf den Ja-Knopf drückt, kann die Fusion der beiden Basel innert kürzester Zeit bewerkstelligt werden. Das Beispiel zeigt: Das Recht selbst ist in den seltensten Fällen der Knackpunkt.[1] Die Herausforderungen beginnen dort, wo die Zukunftsgestaltung in der Gegenwart im demokratischen Prozess legitimiert werden muss.

Im Folgenden wird aber auch aufzuzeigen sein, welche staatsrechtlichen Elemente im Kanton Basel-Landschaft des Jahres 2030 der Kanton selbst gestalten kann, und welche staatsrechtlichen Trends zu einem Grossteil von Faktoren ausserhalb des Kantons beeinflusst und beherrscht werden.

II. Stimmt die Ausrichtung noch im 21. Jahrhundert?

A. Aktuelle und künftige Herausforderungen

1. Die Kantonsverfassung von 1984 ist noch relativ «jung»

In einem Aufsatz von 1998 schreibt GIOVANNI BIAGGINI von der *neuen* Verfassung, obwohl die Basellandschaftliche Verfassung 1984 in der Volksabstimmung angenommen und damals schon seit 11 Jahren (1987) in Kraft war.[2] Im Vergleich zur Vorgängerverfassung von 1892, die eine Lebensdauer von fast hundert Jahren hatte, ist die Verfassung allerdings auch heute mit ihren 25 Jahren Geltungsdauer noch nicht wirklich alt. Die Basellandschaftliche Kantonsverfassung von 1984 ist ein Produkt der Welle von Totalrevisionen, die in der Schweiz ab 1965 einsetzte. Vorher lagen die kantonalen Grundgesetze in einem Dornröschenschlaf; es fanden keine grundlegenden Neuerungen statt.[3] 1965 erfolgte der Auftakt der Totalrevi-

---

[1] Das Recht bzw. die Rechtssetzung kann dort zum Problem werden, wo gegen übergeordnetes Recht (z.B. verbindliches Völkerrecht) verstossen wird, oder wo es nicht gelingt, komplexe Lebensbereiche in logischen, in sich widerspruchslosen Sachgesetzen zu regeln.

[2] GIOVANNI BIAGGINI, Erste Erfahrungen mit der Kantonsverfassung des Kantons Basel-Landschaft von 1984, Versuch einer Bilanz, in: Kurt Jenny et al. (Hrsg.), Staats- und Verwaltungsrecht des Kantons Basel-Landschaft, Liestal 1998, S. 11.

[3] KURT EICHENBERGER, Der Verfassungsbegriff auf Bundes- und Kantonsebene, in: Gerhard Schmid et al. (Hrsg.), Die Baselstädtische Kantonsverfassung, 3. unv. Aufl., Basel 2001, S. 54.

sionen mit dem Kanton Nidwalden. Zuletzt hat der Kanton Schwyz im Mai 2011 die Totalrevision seiner Kantonsverfassung vorgenommen. Nur noch vier Kantone haben Kantonsverfassungen (KV), die einiges über hundert Jahre alt sind:

KV Wallis 1907, KV Zug 1894, KV Appenzell I.Rh. 1872, KV Genf 1847 (!)[4]

Es ist kein Zufall, dass eine Kantonsverfassung nicht so schnell durch eine Totalrevision abgelöst wird. Eine Verfassung soll nicht nur den Istzustand eines Gemeinwesens in einem bestimmten Moment wie eine Fotografie abbilden, sondern immer auch eine zukunftweisende Dimension enthalten. Man muss aus dem Verfassungstext auch herauslesen können, in welche Richtung sich ein Gemeinwesen bewegen soll. Dieser prospektive Aspekt einer Verfassung ist der sogenannten *Orientierungsfunktion* zuzuordnen.

Das Wort *Zukunft* kommt allerdings nirgends in der Basellandschaftlichen Verfassung von 1984 vor. Dies im Unterschied zu anderen Kantonsverfassungen neueren Datums. So sprechen etwa die Kantone Freiburg und Graubünden in den Präambeln (Einleitung) ihrer Verfassungen die heutige Verantwortung gegenüber zukünftigen Generationen an. Die Verfassung von Schaffhausen von 2002 hält fest, dass staatliches Handeln auch die Bedürfnisse zukünftiger Generationen berücksichtigen soll, wenn es die ökologische, wirtschaftliche und soziale Entwicklung betrifft (Art. 9 KV SH). Aufschlussreich ist auch eine Klarstellung in der Verfassung des Kantons Appenzell Ausserrhoden, wonach die Umwelt, soweit sie bereits geschädigt ist, im Interesse künftiger Generationen wieder hergestellt werden muss (Art. 29 Abs. 1 KV AR). Auch die Kantone Tessin, Waadt, Neuenburg und Jura nehmen in ihren Grundordnungen Bezug auf die künftigen Generationen.[5] Alle diese Verfassungen, die die Zukunft in Form «künftiger Generationen» ansprechen, sind nach der Totalrevision der Basellandschaftlichen Verfassung entstanden.[6]

Das heisst nun keineswegs, dass in der Verfassung des Kantons Basel-Landschaft eine Zukunftsperspektive fehlt. Der Verfassungsgeber (also der Verfassungsrat und das Volk[7]) denkt die Zukunft auch dann mit, wenn er bei sämtlichen Aussagen in der Verfassung einen entsprechend erweiterten Zeithorizont vor Augen hat. Um diesen Blick nach vorne sinnvoll zu bündeln, braucht es Planung. Planung kommt nun als Begriff nicht weniger als 28 Mal im Text der Basellandschaftlichen Verfassung vor, und der Begriff wird in neun Bestimmungen zentral angesprochen.

---

[4] Der Kanton Genf hat am 14. Oktober mit 54,1% eine neue Verfassung angenommen (Inkrafttreten: 1. Juni 2013).
[5] Art. 12, 14 Abs. 1 lit. i KV TI (vgl. auch Präambel); Art. 8 Abs. 2 KV VD (vgl. auch Art. 72 KV VD Zukunftsforschung); Art. 5 Abs. 2 KV NE (vgl. auch Präambel); Art. 44a Abs. 2 KV JU (vgl. auch Präambel).
[6] Die Präambel und die Nachhaltigkeitsbestimmung der Verfassung des Kantons Jura (von 1977) wurde 2010 teilrevidiert (angenommen in der Volksabstimmung vom 28. Nov. 2010).
[7] Siehe § 144 KV BL.

Planung ist ein zentrales Element der Zukunftsgestaltung, das aus zwei Komponenten besteht. Im Planungs*verfahren* wird festgehalten, wer Planungsorgan ist und in welcher Form Planung erfolgt. Daneben braucht es eine *konzeptionelle oder inhaltliche* Komponente. Die Basellandschaftliche Verfassung sieht ein stringentes Verfahren bei den Planungskompetenzen und den Planungsabläufen vor. Die Planungsinhalte selbst können hingegen nicht in der Verfassung vorgegeben werden. Zumindest kann ein Verfassungstext die inhaltliche Substanziierung nicht alleine leisten.[8] Dazu braucht es vielmehr eine ständige gesellschaftliche Diskussion, deren Resultate dann in den von der Verfassung vorgesehenen demokratischen Verfahren in die konkrete Gesetzgebung und Planungsbeschlüsse Eingang finden.

2. Der Kanton Basel-Landschaft im nationalen und im europäischen Kontext

Aber in welchem Ausmass kann ein einzelner Kanton überhaupt die Zukunft beeinflussen und mitgestalten? Diese Frage hängt primär davon ab, ob ein Gliedstaat im nationalen Kontext und heute mehr denn je auch im europäischen Kontext den erforderlichen Spielraum für die Vorbereitung der Zukunft noch hat (einer zukünftigen Zeit, die über das Ende der jeweils laufenden Legislaturperiode hinausgeht). Bei der Verteilung der Kompetenzen zwischen Bund und Kantonen gilt das sogenannte Subsidiaritätsprinzip, wonach «der Bund nur die Aufgaben [übernimmt], welche die Kraft der Kantone übersteigen oder einer einheitlichen Regelung durch den Bund bedürfen» (Art. 43a BV). Diese föderalismusfreundliche Formulierung darf nicht darüber hinwegtäuschen, dass der Katalog der Bundeskompetenzen lang und fast lückenlos ist. Den Kantonen verbleiben jedoch einige nicht unerhebliche eigenständige Kompetenzbereiche. Dazu gehören vor allem das Polizeiwesen, das Planungs- und Bauwesen, das Sozialwesen, das Gesundheitswesen, das Schulwesen[9], der Kulturbereich, das Verhältnis zwischen den Kirchen (Religionsgemeinschaften) und dem Staat und der Natur- und Heimatschutz.

Zu den Kantonskompetenzen gehört aber auch die wichtige Aufgabe der Umsetzung des Bundesrechts (Art. 46 Abs. 1 BV). Der damit verbundene Vollzugsföderalismus – eine manchmal etwas unterschätzte Gliedstaatenkompetenz – verschafft den Kantonen «einen eigenen Handlungsspielraum»[10] und erlaubt ihnen in einem gewissen Umfang «eigene Wertungen einzubringen»[11]. Wenn die Kantone Bundes-

---

[8] So kann etwa die Bestimmung über die Einschränkung von Einkaufszentren in § 122 KV BL als schnell unzeitgemäss werdendes Beispiel für eine auf Verfassungsebene erfolgte inhaltliche Planung gesehen werden. Bezeichnenderweise nehmen §§ 21 ff. Verordnung zum Raumplanungs- und Baugesetz (RBV) vom 27. Oktober 1998 (GS 400.11) den Gedanken von § 122 KV BL keineswegs auf, sondern gehen vielmehr darüber hinweg, indem sie die Bedingungen für die Entstehung neuer Einkaufszentren reglementieren.

[9] Allerdings mit Abstrichen, siehe etwa Art. 62, 66 Abs. 2 BV.

[10] GIOVANNI BIAGGINI, in: Giovanni Biaggini/Thomas Gächter/Regina Kiener (Hrsg.), Staatsrecht, Zürich/St. Gallen 2011, § 10 N. 23.

[11] Vgl. Anm. 10.

recht umsetzen, können sie im Rahmen ihrer Gestaltungsfreiheit den «kantonalen Besonderheiten Rechnung»[12] tragen. Im Zeitalter der Globalisierung und der Tendenz zur Unifizierung sind solche *lokalen Autonomieakteure* nicht gering zu schätzen.

Die Vorgaben aus dem bilateralen bzw. europäischen Recht schränken den gesetzgeberischen Handlungsraum der Kantone, aber auch des Bundes mehr und mehr ein. Der institutionelle Einbezug der Schweiz in die Europäische Union (EU) wird zuweilen unterschätzt. Die Verträge zwischen der Schweiz und der EU haben wenig *eigene* Inhalte. Die Vertragsinhalte lehnen sich an die EU-Integrationsordnung, den *Acquis communautaire*, an. Man kann das Verhältnis zwischen der Schweiz und der EU schon heute als Teilintegration bezeichnen.[13] Es ist allerdings davon auszugehen, dass die Kantone auch in den kommenden Jahrzehnten für die Umsetzung von Bundesrecht bzw. von bilateralem Recht zuständig bleiben. Während die Ausdehnung des in der EU zustande gekommenen Rechts auch seine einschränkenden Reflexe auf die Bundesebene haben dürfte, wirken sich diese Effekte vermutlich etwas abgedämpfter bei den Kantonen aus. Dies, weil sie bei der Umsetzung von höherrangigem Recht kantonale Besonderheiten in einem engen, aber doch vorhandenen Spielraum berücksichtigen können.[14]

3. Planung als Verantwortung gegenüber zukünftigen Generationen

Um Hoffnungen und Erwartungen an eine prosperierende Zukunft in eine Form zu bringen, braucht es einerseits ein sinnvolles Verfahren und andererseits ein Umfeld, in dem substanziierte Zukunftsvisionen überhaupt formuliert werden können. Die Basellandschaftliche Verfassung macht insgesamt eindeutige Aussagen zur Organisation der Planung, wenngleich die einzelnen Bestimmungen etwas verstreut sind, d. h., es gibt kein geschlossenes Kapitel zur Planung.

Zunächst kann man die Pläne nach *Zeithorizont* oder nach *Inhalt* unterscheiden. Vorgesehen sind beim Zeithorizont die drei üblichen Formen der Planung, also eine kurz-, mittel- und langfristige Perspektive. Eingehalten ist auch das Gewaltenteilungsprinzip, wobei die Kompetenzen klar verteilt werden. Die Exekutive ist – wie dies auch ihrer Staatsleitungsfunktion entspricht – für die Erarbeitung der Pläne

---

[12] GIOVANNI BIAGGINI, in: Giovanni Biaggini/Thomas Gächter/Regina Kiener (Hrsg.), Staatsrecht, Zürich/St. Gallen 2011, § 10 N. 24.

[13] THOMAS PFISTERER, St. Galler Kommentar, Nachbemerkungen zu Art. 55 und 56 BV, Rz. 1 ff.

[14] Vgl. dazu: Bericht des Bundesrates zu den Auswirkungen verschiedener europapolitischer Instrumente auf den Föderalismus in der Schweiz vom 15. Juni 2007 (Föderalismusbericht), in: BBl 2007, 5907 ff.; vgl. auch die EuRefKa-Berichte: Konferenz der Kantonsregierungen (Hrsg.): Die Kantone vor der Herausforderung eines EU-Beitritts, Zürich 2001; Konferenz der Kantonsregierungen (Hrsg.): Zwischen EU-Beitritt und bilateralem Weg: Überlegungen und Reformbedarf aus kantonaler Sicht, Zürich 2006; vgl. auch die Seite der Konferenz der Kantonsregierungen: http://www.kdk.ch/int/kdk/de/wissen/eurefka-bericht.html (Stand 2012).

zuständig. Dazu gehören das Jahres- und das Regierungsprogramm, der Finanzplan und «die grundlegenden Pläne der staatlichen Tätigkeiten» (§ 65 Abs. 1 KV BL). Auch der Landrat hat eine eigenständige Planungsfunktion, indem er die grundlegenden Pläne, insbesondere Regierungsprogramm und Finanzplan, genehmigt. Das Gegenstück dazu bildet die Selbstbindung des Landrates an die einmal erteilte Genehmigung.[15] Auch das Volk hat eine Mitwirkungsmöglichkeit bei der Planung: Es kann gegen Planungsbeschlüsse des Landrates von grundsätzlicher Bedeutung das Referendum ergreifen. Die eigenständige Planungsfunktion des Parlaments wird in diesem Zusammenhang noch erweitert, indem der Landrat Grundsatzfragen mit oder ohne Varianten der Volksabstimmung unterstellen kann.

Teilt man die in der Verfassung vorgesehenen Planungskompetenzen nach Inhalten ein, so sind die Finanzplanung, die Raumplanung und die «grundlegende[n] Pläne der staatlichen Tätigkeiten» zu nennen. Aus dem in § 73 Abs. 1 KV BL angelegten Planungsprimat des Regierungsrates kann abgeleitet werden, dass bei letzteren die langfristige Entwicklungsperspektive des Gemeinwesens, in Abgrenzung zum Jahres- und zum Regierungsprogramm, gemeint ist.

Jedes noch so stringente und plausible Planverfahren braucht indessen Inhalte. Die Verfassung kann, wie bereits erwähnt, die Inhalte nicht vorschreiben, sonst würde sie schnell veralten. Diese Aufgabe müssen die politischen und – was die Verfassung vielleicht zu wenig sichtbar macht – auch die gesellschaftlichen Akteure erfüllen. Das setzt institutionelle und gesellschaftliche Meinungsbildungsforen voraus, wo Vorstellungen über das Quo Vadis des Kantons entwickelt und formuliert werden können. Als Meinungsbildungsforen kommen alle gesellschaftlich relevanten Institutionen infrage, also Bildungsinstitute, politische Gremien und Gruppierungen, die Medien, das Parlament als klassisches Meinungsbildungsforum, Kunst- und Kulturorganisationen, lokale Non-Profit-Gruppierungen oder meinungsbildende Veranstaltungen wissenschaftlicher, kultureller oder politischer Natur. Planungsinhalte sind aber nicht einfach zu haben, weil es nicht *die* Hoffnungen und Erwartungen an die Zukunft gibt. Diese sind vielmehr ebenso vielfältig, wie es für ein plurales Gemeinwesen bezeichnend ist. Zukunftsplanung ist zudem immer auch ein Spiegel von (gegenwärtigen) Wertediskussionen.

Aufschluss über den Umgang des Kantons mit dem Thema Planung, nämlich ob diese als Leerformel oder als aktive Zukunftsgestaltung betrieben wird, können dabei die folgenden Fragekriterien geben:

- Nehmen der Kanton bzw. die zuständigen Organe ihre Planungskompetenzen wahr?

- Enthalten die entsprechenden Planungsbeschlüsse zukunftsrelevante Aussagen? Gehen grundlegende, längerfristige Pläne über das Niveau von prospekttauglichen Kantonsporträts hinaus?

---

[15] BIAGGINI (Anm. 2), S. 17 f.

- Findet eine kritische Überprüfung der Umsetzung von Plänen statt? Werden die Pläne, wo notwendig, modifiziert und ergänzt?

B. Szenarium 1
Politische Strukturen und Volksrechte

1. Bestandesaufnahme

BIAGGINI kommt in seinem bereits erwähnten Aufsatz[16] zum Fazit, dass die Kantonsverfassung den Behörden der Legislative, Exekutive und Judikative einen ausreichenden Spielraum für Flexibilität und Reformwilligkeit belässt. Die organisatorische Flexibilität bezieht sich nicht nur auf die Staatsleitungsorgane, sondern auch auf die Verwaltung. Dass die öffentliche Administration ein wichtiges Machtzentrum ist, wird durch die ausdrückliche Erwähnung in der Verfassung sichtbar gemacht.

Im Vergleich zum Bund ist das Handlungsfeld eines Gliedstaats ungleich überschaubarer. Dennoch ist auch der Kanton Basel-Landschaft in die anstehenden Brennpunktthemen der Zukunft von Bund und Kantonen – wie Energiefragen, Bevölkerungsentwicklung, aber auch die Profilierung in einem globalisierten Umfeld – involviert und muss gewappnet sein, seinen Beitrag zur Zukunftsgestaltung mit seiner kantonalen Infrastruktur zu leisten.

Ein zukunftsgerichtetes Gemeinwesen zeichnet sich nicht nur durch eine flexible, lösungsorientierte Organisation aus, sondern vor allem auch durch eine möglichst breit angelegte Mitwirkung der Menschen, die auf dem Territorium leben. Die Volksrechte im Kanton Basel-Landschaft sind differenziert ausgestaltet und vielfältig. Die Aufzählung ist beachtlich; es gibt folgende Formen von Volksrechten:

- Volksinitiative (formuliert/unformuliert);
- umfassende Wahlrechte (der Organe auf kantonaler und kommunaler Ebene);
- Finanzreferendum (fak.[17]);
- Verfassungs- und Staatsvertragsreferendum (obl.[18]);
- Gesetzesreferendum (obl.: bei fehlender 4/5-Mehrheit im Landrat; sonst fak. oder durch Behördenunterstellung);
- Referendum bei Planungsbeschlüssen (fak.);
- Abstimmungen über Grundsatzfragen (mit Varianten);
- Abstimmungen über einen ganzen Erlass oder einzelne Bestimmungen des Erlasses.

---

[16] BIAGGINI (Anm.. 2), S. 26.
[17] Fak. = fakultativ.
[18] Obl. = obligatorisch.

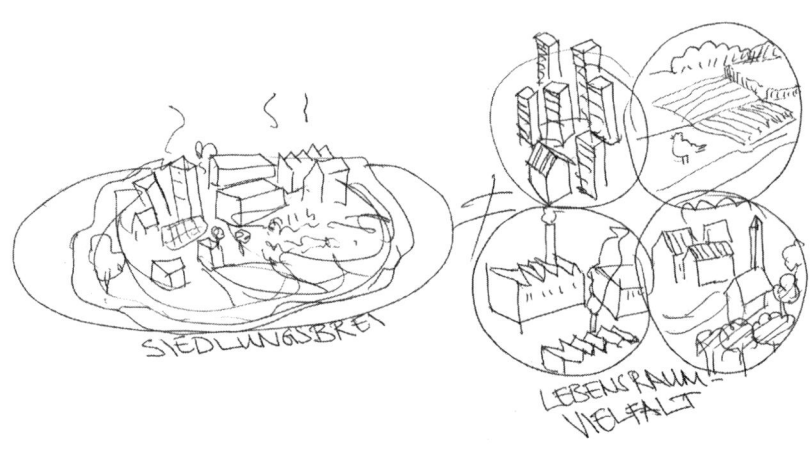

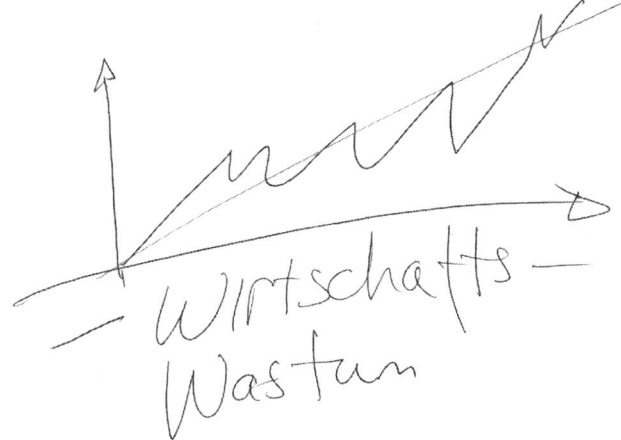

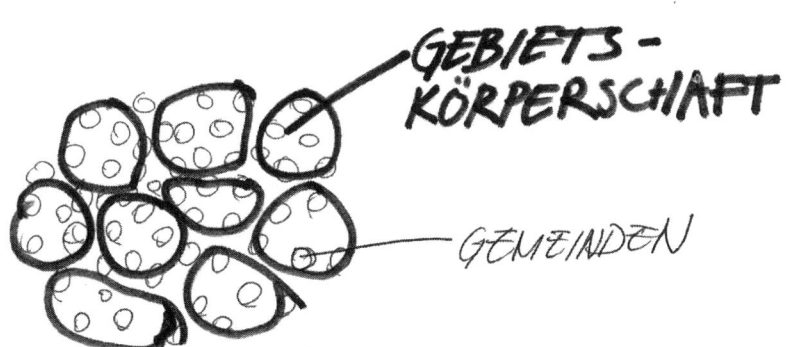

Heute sind indessen die Mitwirkungsrechte das eine und die aktive Gebrauchmachung der Berechtigten das andere. Der Rechtsstaat ist fragil, weil er davon lebt, dass die anwesenden Menschen die von ihm gebotenen demokratischen Mitwirkungsmöglichkeiten verantwortlich nutzen. Der Rechtsstaat selbst gibt den Weg in die Zukunft nicht vor. Es gehört gerade zum Wesen des Rechtsstaates, dass er die Formulierung der Hoffnungen und Erwartungen an die Zukunft den Bürgerinnen und Bürgern überlässt, wobei deren Vorstellungen dann wieder in den Gesetzgebungsprozess einfliessen und zu einer allfälligen Anpassung der politischen Strukturen führen. Der Staat muss demnach in erster Linie *Anreize* für die demokratische Beteiligung schaffen und dies erreicht er am wirkungsvollsten durch einen möglichst breiten *Zugang* zu den Volksrechten.

2. Erweiterung des Demos (Stimmrechtsalter, Stimmrecht für Wohnbevölkerung ohne Schweizer Pass)

Als eine Vorbereitung für die Zukunft könnte man das Stimmrechtsalter im Kanton Basel-Landschaft auf 16 Jahre herabsetzen. Dies nicht zuletzt auch als Antwort auf die Tatsache der zunehmenden Überalterung der Bevölkerung und damit auch des Stimmvolks. Bisher hat nur der Kanton Glarus das Stimmrechtsalter 16 eingeführt. Im Kanton Jura sind Sechzehnjährige in Gemeindekommissionen wählbar. Österreich kennt das Stimmrechtsalter 16 auf Bundesebene. In Deutschland haben verschiedene Bundesländer das aktive Stimmrecht auf kommunaler Ebene auf 16 Jahre gesenkt.[19]

Eine andere Erweiterung stellt die Einführung eines Stimmrechts für in der Schweiz niedergelassene Ausländer und Ausländerinnen dar. Ein solches Recht kennen in unterschiedlicher Ausgestaltung die Kantone Basel-Stadt, Appenzell Ausserrhoden, Graubünden, Genf, Thurgau, Neuenburg, Jura, Waadt und Freiburg.[20] Dabei sind unterschiedliche Möglichkeiten der Einführung, vor allem in Bezug auf den Umfang der Verleihung eines solchen Stimmrechts gegeben. Diesbezüglich bestehen folgende Varianten:

- Beschränkung auf die **Ermächtigung der Gemeinden**, ein Ausländer/innen-Stimmrecht einzuführen;

- Einführung des Stimmrechts nur auf **kommunaler** Ebene;

- nur **aktives** Stimmrecht;

- nur bestimmte Behörden (z. B. Gemeindekommissionen);

- Ausschluss von **Verfassungs**abstimmungen.

---

[19] Vgl. zum kantonalen Stimmrecht, DENISE BUSER, Kantonales Staatsrecht, 2. Aufl., Basel 2011, N. 306 ff.
[20] Vgl. Anm. 19, N. 299.

Weitere Gestaltungsmöglichkeiten ergeben sich bei der Festlegung der Wohnsitzdauer, also ab wann ein solches Stimmrecht verliehen wird. Ein Ausländerstimmrecht darf schliesslich nicht darüber hinwegtäuschen, dass es auch die demokratische *Pflicht* der tatsächlichen Ausübung umfasst (verbunden mit einem gewissenhaften Studium der Stimmunterlagen). Und weshalb sollen Menschen, die hier leben, von dieser Pflicht entbunden werden?

3. Spezialisierung bei der Zukunftsgestaltung oder: Braucht Baselland einen Zukunftsrat?

Ein Zukunftsrat ist ein Beratungsgremium mit Fachleuten aus unterschiedlichen Fachrichtungen. Sie sollen die politischen Behörden im Hinblick auf soziale, ökonomische und ökologische Nachhaltigkeit beraten und zu langfristig wirkenden Vorlagen Änderungsanträge stellen können. Als einziger hat der Kanton Waadt anlässlich seiner Totalrevision 2003 die Idee eines Zukunftsrats aufgegriffen. «Um für die Zukunft vorzusorgen, zieht der Staat ein Gremium für Zukunftsfragen bei», heisst es in der Verfassung des Kantons Waadt (Art. 72 KV VD). Gemäss Ausführungsverordnung[21] legt der Zukunftsrat, der sich aus kantonalen Magistratspersonen und Angehörigen der Universität Lausanne zusammensetzt, pro Legislatur einen Bericht vor. In den Universitätskantonen, zu denen auch der Kanton Basel-Landschaft zählt, scheint die Diskussion über die Einführung eines solchen Zukunftsrats zumindest erwägenswert. Nicht zuletzt könnte daraus auch ein institutionalisierter inhaltlicher Austausch zwischen Universität und der politischen Praxis entstehen.

C. Szenarium 2
Staatsaufgaben: Der Kanton ist für die Menschen da und nicht umgekehrt

Der Staatsaufgabenkatalog in der Basellandschaftlichen Verfassung von 1984 umfasst 37 Bestimmungen. Mit seiner Ausführlichkeit steht aber Basel-Landschaft im Vergleich mit den Verfassungen anderer Kantone – und zwar durchaus auch solchen neueren Datums – keineswegs alleine da. Problemzonen ausführlicher Aufgabenkataloge bestehen dort, wo man Detailfragen auf Verfassungsstufe hievt, die von gesellschaftlichen Entwicklungen bald überholt werden, oder wo man ins Gehege der weitläufigen Bundeskompetenzen gerät. Mit der Ausdehnung des internationalen Rechts wird diese Gefahr noch akzentuiert.

Wegen der Rechtsentwicklung auf den übergeordneten Ebenen werden die kantonalen Staatsaufgabenkataloge in den nächsten Jahrzehnten noch mehr an Bedeutung verlieren. Bis zu einem gewissen Grad kann sich der Kanton mit Handlungsaufträgen an die Behörden behelfen, die auch über deren Entscheidungskompe-

---

[21] Arrêté instituant l'organe de prospective (SG VD 172.117.1.).

tenzen hinausgehen.[22] Berühmtes, bereits existierendes Beispiel dafür ist der Anti-AKW-Passus in § 115 Abs. 2 Satz 2 KV BL, wo die kantonalen Behörden durch die Verfassung auf eine bestimmte AKW-Politik verpflichtet werden, auch jenseits der innerkantonalen Entscheidungszuständigkeit.[23] Mit Handlungsaufträgen in der Kantonsverfassung kann die Absicht verbunden werden, die eigenen Behörden dazu zu verpflichten, ihre Mitwirkungsrechte im Bund (z. B. bei Vernehmlassungen, Einsitz in Gremien) oder ihre sonstigen Einflussmöglichkeiten im Sinne einer bestimmten in der Kantonsverfassung vorgegebenen Politik auszuüben.

Unter der Prämisse, dass in den nächsten Jahrzehnten kein tief greifender Umbruch des föderalistischen Systems[24] erfolgt, ist der einzelne Kanton gut beraten, seinen Akzent auf die Vorteile des Föderalismus zu setzen. Die Elemente eines zukunftsträchtigen Föderalismus sehen wie folgt aus:

- Schaffung grösstmöglicher Bürgernähe durch Einsatz digitaler Kommunikationstechniken (E-Government);

- Garantie der Effizienz des lokalen Verwaltungsmanagements;

- Schaffung der rechtlichen und institutionellen Voraussetzungen für eine gute Gestaltung des konkreten Alltags (nach dem Motto: Der Kanton ist für die Menschen da und nicht umgekehrt).

D. Szenarium 3
Territorium

1. Fusionen auf Kantons- und Gemeindeebene

Der Föderalismus soll der Schweiz die *Einheit in der Vielfalt* sichern, und er ist im Bewusstsein der Schweizer und Schweizerinnen tief verwurzelt. Das zeitlich letzte Beispiel für eine gescheiterte Urnenabstimmung über die Errichtung eines Grosskantons ist die Genf-Waadt-Initiative, welche im Juni 2002 in beiden Kantonen mit fast 80 % Neinstimmen abgelehnt wurde.[25] Eine Abschaffung des Föderalismus oder auch nur eine einem Systemwechsel gleichkommende Veränderung in der Kantonslandschaft ist in nächster Zukunft nicht in Sicht. Trotzdem gibt es schon heute eine offizielle Karte der Schweiz, welche das nationale Territorium in sieben «Grosskantone» einteilt. Es handelt sich um die sieben Grossregionen des Bundesamtes für Statistik, die auch für internationale Vergleiche dienen. Sie ent-

---

[22] Vgl. dazu BIAGGINI (Anm. 2), S. 64.
[23] Der Bund hat 1986 die Bestimmung nur unter Vorbehalt des einschlägigen Bundesrechts gewährleistet.
[24] Siehe dazu nachfolgend Ziff. 4.1.
[25] PHILIPPE GARDAZ et al., Unis contre la fusion: Vaud-Genève, Lausanne 2002; JEAN-PHILIPPE CHENAUX et al., La Suisse éclatée: quand les «fusiologues» jouent avec le feu, Lausanne 1999.

sprechen Vorgaben des Statistikamts der Europäischen Union und sind seit 1997 für die Schweizer Statistik verbindlich.[26]

Kantonsfusionen bedürfen der Zustimmung der betroffenen Bevölkerung, der betroffenen Kantone sowie von Volk und Ständen (Art. 53 Abs. 2 BV). Das sind keine geringen Hürden. Zudem müsste wohl eine Neugliederung das ganze nationale Territorium betreffen, damit die Stimmenverhältnisse im Bundesparlament neu austariert werden könnten. Geografisch limitierte Einzelprojekte dürften auch aus diesem Grund kaum mehrheitsfähig sein. Dies gilt insbesondere für die isolierte Fusion oder Teilfusion mehrerer Kantone zu einem Grosskanton, wie es beispielsweise die politische Idee eines Kantons Nordwestschweiz vorsieht.

Demgegenüber verfügen die Kantone bei kantonsübergreifenden Kooperationsformen, zu denen sie durch Art. 48 BV ausdrücklich befugt sind, über grosse Gestaltungsmöglichkeiten. Kantonale Behördenstrukturen sind demnach nicht an die Kantonsgrenzen gebunden, sondern überkantonal ausbaubar. Die Mitarbeitenden in solchen überkantonalen Institutionen können mit den entsprechenden Handlungskompetenzen ausgestattet werden. Diese sachorientierten, Kantonsgrenzen überwindende Strukturen sind pragmatische Alternativen zu den genannten Gebietsreformen. Sie sind zweifellos einfacher zu bewerkstelligen als Kantonsfusionen.

Viel einfacher präsentiert sich die Lage auf Gemeindeebene. Hier kann es zu einer handfesten Plausibilität für Fusionen kommen, wenn sich Probleme im Kostenbereich oder bei der Optimierung der Auslastung von Infrastrukturen verdichten. Es ist davon auszugehen, dass das Beispiel von Glarus, das 2006 seine 25 Gemeinden auf drei reduzierte, Schule machen wird. Das Glarner Gemeindeprojekt ist erst vor Kurzem, nämlich 2011, umgesetzt worden. Mit grosser Wahrscheinlichkeit werden positive Erfahrungsberichte in den nächsten Jahren als starke Impulsgeber auf die grundsätzliche Fusionsbereitschaft der 2495 Schweizer Gemeinden (Stand 1. Januar 2012) wirken. In Baselland dürfte angesichts der geografischen Heterogenität des Kantons eine Halbierung der Gemeindezahl die grössten Synergien haben. Ausgehend vom radikalen Vorbild von Glarus ist auch eine Neueinteilung entlang den heutigen Bezirksgrenzen denkbar. Hier verbindet sich sogar eine eingesessene Unterteilung mit einer modernen Strukturbereinigung.

2. Wiedervereinigung bzw. Fusion der beiden Basel

Ein Sonderfall von Kantonsfusionen wären die Wiedervereinigungen der heute geteilten Kantone. Im Fokus stehen dabei die Kantone Basel-Landschaft und Basel-Stadt, die allerdings einen gescheiterten Versuch (1969) hinter sich haben. Eine Wiedervereinigung wird meines Erachtens obsolet, falls in den nächsten Jahrzehnten

---

[26] Vgl. dazu: http://www.bfs.admin.ch/bfs/portal/de/index/regionen/11/geo/analyse_regionen/02a.html (Stand 2012).

Frei [....]

FIELVALT

FÖRDERN

Bevölkerung + Regierung → Zukunftsperspektive → Mut zur Entwicklung → Stärke

die geteilten Kantone zu Vollkantonen aufgewertet werden. Das Prinzip der *Gleichbehandlung* der Kantone verlangt im Grunde genommen eine solche Entwicklung.

An eine Fusion von Basel-Landschaft und Basel-Stadt ist zu denken, wenn gewichtige, pragmatische Gründe diese Zusammenlegung als sinnvoll oder *organisch* erscheinen lassen (z. B. aufgrund von zahlreichen zusammengelegten Amtsstellen *beider Basel*). Ob ein breit abgestützter Konsens zur Fusion besteht, ist gegenwärtig noch unklar.[27] Eine grosse (die Fusionsidee relativierende) Rolle kommt der gut eingespielten Zusammenarbeit zwischen den beiden Basler Kantonen zu.[28]

Ändert sich die Sachlage, erfordern – mit anderen Worten – pragmatische Gründe ein Zusammenwachsen von Stadt und Land, so dürfte eine Wiedervereinigung relativ leicht zu bewerkstelligen sein. Man könnte sich beispielsweise vorstellen, dass ein Ausbau der europarechtlichen Strukturen in den nächsten Jahrzehnten den Ruf nach einer Verschlankung der lokalen Ebene nach sich zieht. Ein solches Zusammenwachsen auf der Ebene der EU könnte Kantonsfusionen wünschbarer oder sogar im Sinne einer Verwesentlichung der Strukturen notwendig machen.

E. Zukunft der Kantone kann auch in der erfolgreichen Zusammenarbeit liegen (mit anderen Kantonen und mit dem Ausland)

Die Zusammenarbeit der Kantone auf Konkordatsebene geht zurück bis in die Zeit vor der Gründung des Bundesstaats. Ein erster Höhepunkt kantonaler Kooperation war während der Wirtschaftskrise in der Zwischenkriegszeit zu verzeichnen, in der die Zahl interkantonaler Abkommen deutlich anstieg.[29] Die meisten heute noch geltenden Konkordate wurden allerdings in den 1970er-Jahren und ab 1990 abgeschlossen. Die interkantonalen Verträge finden in Art. 48 BV ihre bundesverfassungsrechtliche Grundlage.[30] Die Kantone können in allen Bereichen, die (eigene oder vom Bund delegierte) kantonale Aufgaben betreffen, interkantonale Verträge abschliessen oder sich an solchen beteiligen. Die Zusammenarbeit kann alle Staatsfunktionen – also Rechtsetzung, Verwaltung und Justiz – betreffen. Insbesondere können die Kantone auch den Vollzug von Bundesrecht zum Gegenstand eines interkantonalen Vertrages machen.

---

[27] Die entsprechenden Fusionsinitiativen in den Kantonen Basel-Landschaft und Basel-Stadt wurden im August 2012 lanciert (vgl. http://www.einbasel.ch, Stand 2012).

[28] Die involvierten Magistratspersonen beider Kantone weisen immer wieder auf die gute Tragfähigkeit der Zusammenarbeit hin.

[29] Siehe die Grafik der kantonalen Abkommen nach Gründungsjahr bei DANIEL BOCHSLER/PASCAL SCIARINI, Konkordate und Regierungskonferenzen. Standbeine des horizontalen Föderalismus, in: LeGes 2006/1, S. 23 ff. Zu den Konkordaten in quantitativer Hinsicht vgl. auch CHRISTOPHE KOLLER et al., Staatsatlas, Kartografie des Schweizer Föderalismus, Zürich 2012, S. 156 ff.; DANIEL BOCHSLER et al., Die Schweizer Kantone unter der Lupe, Behörden, Personal, Finanzen, Bern/Stuttgart/Wien 2004, S. 93 ff.

[30] Dies ist somit auch die Verfassungsgrundlage für den kooperativen Föderalismus, URSULA ABDERHALDEN, St. Galler Kommentar zu Art. 48 BV, Rz. 8 (mit ausführlichen Literaturangaben).

Insofern in der Regel die Regierungen die Vertragsinhalte aushandeln, spricht man auch von einem *demokratischen Defizit* in der interkantonalen Zusammenarbeit. Da in der Schweiz die kantonalen Exekutiven direkt vom Volk gewählt werden, verfügen sie allerdings über eine starke Legitimation, weshalb das Demokratiedefizit nicht so ausgeprägt ist.[31] Zudem ist in vielen Kantonen die parlamentarische Vorberatung von Konkordaten während ihrer Ausarbeitung institutionalisiert.[32] Auch der Kanton Basel-Landschaft gehört zu diesen Kantonen. Gemäss § 64 Abs. 2 KV BL kann der Landrat «bei der Vorbereitung wichtiger Staatsverträge, die seiner Genehmigung unterliegen, Kommissionen einsetzen, die den Regierungsrat bei den Vertragsverhandlungen begleitend beraten.»

Schon heute erreichen die Basellandschaftlichen Konkordate mit dem Kanton Basel-Stadt, mit anderen Kantonen (bi-, multi- und omnilaterale Verträge) und mit dem Ausland annähernd die Zahl 200.[33] In der erfolgreichen Zusammenarbeit steckt m. E. das ergiebigste Zukunftsmodell für die Kantone, denn die Kooperation birgt folgende Vorzüge:

- staatsvertragliche Vereinbarungen sind ausgesprochen zielorientiert (z. B. sinnvolle Mehrfachnutzung von umweltschonenden Energieanlagen);

- staatsvertragliche Vereinbarungen überwinden die Kantonsgrenzen, ohne das föderalistische System abzuschaffen (z. B. Ausbau der Rolle der Konferenz der Kantonsregierungen als europapolitischer Co-Player des Bundes[34]);

- staatsvertragliche Vereinbarungen sind projektbezogen und können im Rahmen des besonderen Projekts das Gemeinwohl sachbezogen fokussieren (z. B. interkantonale Zusammenarbeit in der Alterspolitik);

- staatsvertragliche Vereinbarungen sorgen für Finanzgerechtigkeit (z. B. Lastenausgleich bei der Umsetzung einer neuen Migrationspolitik).

---

[31] Bernhard Waldmann spricht in diesem Zusammenhang davon, dass es weniger um ein Demokratiedefizit als vielmehr um eine materielle Verschiebung von Staatsfunktionen gehe (i.e. die Verschiebung der Aussenpolitik von der Legislative auf die Exekutive), vgl. BERNHARD WALDMANN, Föderalismus unter Druck, in: Markus Gredig et al. (Hrsg.), Peters Dreiblatt Föderalismus Grundrechte Verwaltung, Festschrift für Peter Hänni zum 60. Geburtstag, Bern 2010, S. 3 ff., 13 ff.
[32] Gemäss Art. 13 Bundesgesetz über den Finanz- und Lastenausgleich (FiLaG) vom 3. Oktober 2003 werden die Kantone verpflichtet, in der Interkantonalen Rahmenvereinbarung (IRV) die Mitwirkung der kantonalen Parlamente zu regeln.
[33] In Kraft am 31.12.2008, vgl. die Datenbank über die Schweizer Kantone und Städte (BADAC), http://www.badac.ch/db/db_themes.php?typeN=1&theme=tableaux&lang=De (Stand 2012).
[34] Am 5. Juni 2012 haben der Vorsteher des EDA und der Vorsteher des EVD im Namen des Bundes sowie ein Vertreter der Konferenz der Kantonsregierungen (KdK) eine Vereinbarung unterzeichnet, welche den politischen Dialog Bund-Kantone zu Europafragen regelt. Siehe dazu: http://www.eda.admin.ch/eda/de/home/recent/media/single.html?id=44813 (Stand 2012).

Zusammenarbeit ist nicht unbedingt auf dem Serviertablett zu haben. Kooperation bedingt Interessenausgleich zwischen den Vertragspartnern, zielorientierte Verhandlungsbereitschaft und partnerschaftliches Vorgehen bei der Vertragserfüllung. In der Öffentlichkeit werden naturgemäss vor allem die Problemfälle wahrgenommen. Unterschätzt wird hingegen die faktische Zahlenlage. Gesamtschweizerisch gibt es rund 800 Konkordate und interkantonale Vereinbarungen.[35] Im Unterschied zu den amtlichen Gesetzessammlungen werden diese jedoch nur unvollständig und nicht als einheitlicher Korpus publiziert.

III. Fazit und Thesen

A. Gibt es die Kantone in 50 Jahren noch?

Eine dezidiertes «Nein» oder «Eher nein» auf diese Frage könnte mit der Selbstverständlichkeit des kantonalen Systems zusammenhängen, die Wahrnehmung und Wertschätzung einerseits und tatsächliche Bedeutung der Kantone andererseits auseinanderklaffen lassen. Die Vorzüge der Kantone sind möglicherweise etwas «unsichtbar» geworden. Oft wird auch die fehlende Kongruenz der Kantonsgrenzen mit den Mobilitätsbedürfnissen der Menschen gegen die Kantone ins Feld geführt. Dies ist jedoch kein spezielles Problem von Gliedstaaten, sondern ein allgemeines Problem von territorialen Unterteilungen. Auch die Nationalstaaten folgen längst nicht mehr den Verläufen von Finanzmärkten oder von Umweltschutzanliegen. Niemand zieht alleine daraus den Schluss, dass man die Nationalstaaten deswegen abschaffen müsste. Vielmehr wird durch die Zusammenarbeit zwischen den Staaten und durch die Intensivierung der überdachenden Union an zukunftsträchtigen Lösungen gearbeitet. Selbst wenn Bedeutung und Kompetenzumfang der EU noch zunehmen, werden die Kantone als lokale Vollzugskörper auch in weiterer Zukunft ihre Existenzberechtigung behalten.

Trotzdem kann man sich auch vorstellen, dass die Kantone (obwohl es sie immerhin schon seit mehreren Jahrhunderten gibt) vor einem allmählichen Bedeutungszerfall nicht gefeit sind. Ein allmähliches Absinken in die Irrelevanz oder die Gefahr einer Art Departementalisierung durch den Bund im Zusammenhang mit dem nationalen Vollzug von (übernommenem) EU-Recht ist ebenfalls nicht ganz von der Hand zu weisen. Anzeichen für einen solchen Paradigmenwechsel im kantonalen System sind in einem Zeithorizont bis ins Jahr 2030 keine auszumachen. Die Kantone sind auf dem richtigen Weg, wenn sie sich weiterhin für eine Zukunft als relativ autonome Gliedstaaten vorbereiten. Was das konkret für den Kanton Basel-Landschaft bedeutet, kann in den folgenden drei Thesen zusammengefasst werden.

---

[35] Vgl. dazu http://www.badac.ch/db/db_themes.php?typeN=1&theme=tableaux&lang=De (Stand 2012).

B. Basel-Landschaft 2030: Zusammenfassung in drei Thesen

These 1:

Das (föderale) Europa gibt den Takt vor. Die SCHWEIZ findet in den Kantonen statt. Bei den kantonalen Staatsaufgaben liegt der Schwerpunkt auf dem **bürgernahen Vollzug** von übergeordnetem Recht. Von der globalisierten Privatwirtschaft hebt sich der Kanton ab als Lokalakteur mit einem **effizienten, bürgerfreundlichen E-Government** und **demokratischen Entscheidverfahren**, an denen möglichst **viele** Menschen teilnehmen.

These 2:

Die sieben Grossregionen der Schweiz sind noch keine echten institutionellen Institutionen. Trotzdem stellen sie als Denkmodelle Parallelen zu den Entwicklungstrends in Wirtschaft und Gesellschaft dar. In der **Zusammenarbeit** der Kantone untereinander und mit dem benachbarten Ausland liegt allerdings weiterhin ein grosses **Zukunftspotenzial**. Die **Solidarität** zwischen den beteiligten Gemeinwesen ermöglicht Interessenausgleich und Ebenbürtigkeit der beteiligten Akteure.

These 3:

Aufgrund der geografischen Heterogenität des Kantons Basel-Landschaft hat eine Halbierung der Gemeindezahl die grössten Synergien. Bei einer radikaleren Neueinteilung entlang den Bezirksgrenzen würde sich eine eingesessene Unterteilung mit einer modernen Strukturbereinigung verbinden.

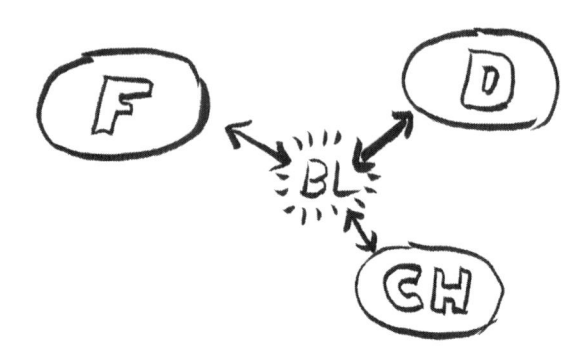

Szenarien zum sozialen Wandel

Neue Lebensformen und Identität im Kontext der Globalität

Prof. Dr. phil. Ueli Mäder, Professor für Soziologie, Basel

Inhalt Seite

I. **Soziale Brisanz** 41

II. **Gegenläufige Trends** 43

III. **Weiter wie bisher** 44

IV. **Utopie als Teil der Realität** 45

V. **Zukunft mit Zukunft** 49

Sozialer Wandel vollzieht sich derzeit rasant. Wobei das gar nicht so neu ist. Jedenfalls wird Wandel oft so empfunden. Und Brüche lassen sich selten prognostizieren. Sie ereilen eine Kontinuität, die sich nie linear fortschreibt. Manchmal sind es auch wenig spektakuläre und kaum wahrgenommene Prozesse und Ereignisse, die soziale Strukturen überlagern und umschichten.

Ich knüpfe hier an das an, was sich in der Nordwestschweiz im Kontext des Weltgeschehens tut. Dabei zeigen sich recht gegenläufige Trends. Was sich durchsetzt ist offen und auch ein wenig von subjektiven Faktoren abhängig. Es kommt darauf an, ob wir uns so oder anders verhalten. Das drücken auch die zwei unterschiedlichen Szenarien aus, die ich im Folgenden skizziere. Das eine Szenario gilt wohl als realistisch, das andere als utopisch. Wir sollten uns aber immer wieder fragen, wie normal die Normalität ist. Und so erweist sich hoffentlich auch die konkrete Utopie als durchaus realistische Variante.

I. Soziale Brisanz

Nach dem Zweiten Weltkrieg erlebte die Schweiz einen gewaltigen Aufschwung. Breite Bevölkerungskreise verbesserten ihre soziale Lage. Ein politisch liberales Verständnis kam auf. Es prägte die gängige Sicht. Dass Kapital und Arbeit etwa gleich viel Wert sind, galt als selbstverständlich. Die Konzeption einer sozialen Marktwirtschaft herrschte vor. Sie postulierte ein Eigentum, das verpflichtet und soziale Risiken abfedert. Endlich richtete auch die Schweiz soziale Versicherungen wie die AHV ein. Die Solidarität institutionalisierte sich, was bald positive Folgen zeitigte. Soziale Gegensätze nahmen ab. Die Beatles sangen: «It's getting better all the time.» Sie drückten eine Zuversicht aus, die sich weithin verbreitete. Auch im Kanton Baselland, der wirtschaftlich boomte. Auch die Bevölkerung nahm zu. Zu Beginn der 1960er-Jahre schulte Reinach eine einzige erste Primarklasse ein. Eine Dekade später waren es acht Klassen. Zu dieser Zeit gab es in der ganzen Schweiz auch fast keine Arbeitslosen mehr. Und die materielle Armut war marginal. Zwar kam der Begriff «neue Armut» auf. Er bezog sich jedoch vornehmlich auf verwöhnte Sprösslinge aus wohlhabenden Kreisen, die Suchtmittel konsumierten und so abdrifteten.

Der stetige Aufstieg erlitt aber Einbrüche. Zunächst mit den ersten rezessiven Einbrüchen der 1970er-Jahre. Sie schockten. Tausende von Menschen verloren ihre Arbeit, vor allem viele Gastarbeiter. Sie mussten das Land verlassen, in dem Honig fliesst. Die Schweiz rationalisierte ihre Produktion. So liessen sich die Produktivität und privaten Gewinne steigern. Und die Parlamente beschlossen Sparprogramme. Sie kürzten auch die Budgets bei der Bildung, bei der Gesundheit und im Sozialen. Bis zum Weltwunder von 1989, dem hoffnungsvollen Aufbrechen der Berliner Mauer, das den Kalten Krieg zwischen West und Ost beendete. Nun folgte der Aufstieg des angelsächsischen Finanzkapitalismus, der das Kapital favorisiert und offensiv dorthin manövriert, wo es sich optimal verwertet. Das neue Geldregime forciert die Konkurrenz und legitimiert die soziale Ungleichheit. Seither verschärft sich die soziale Brisanz. Immer weniger Privatpersonen besitzen immer mehr. Die soziale Kluft vergrössert sich vor allem bei den steuerbaren Nettovermögen und bei den verfügbaren Einkommen. Das ist für Privilegierte kein Problem. Im Gegenteil. Sie verfügen über erhebliche Reserven. Zudem über das Wissen, welche Investitionen und finanziellen Transaktionen sich besonders lohnen. So steigerte sich die Selbstbereicherung. Extreme Boni zeugen davon. Übervorteilte rechtfertigen diese gerne. Soziale Gegensätze würden die Gesellschaft dynamisieren und das wirtschaftliche Wachstum steigern. So argumentieren sie. Und das käme doch perspektivisch allen zugute. Aber wem und wann? Viele Benachteiligte warten schon lange vergeblich darauf. Sie erleiden finanzielle Einbussen und fühlen sich bedrängt. Etliche reagieren mit sozialem Rückzug oder mit fluchtartigen Anstrengungen, die schlecht kanalisiert sind und kaum zum Tragen kommen.

«Ich bin doch selber schuld, dass ich so wenig verdiene. Hätte ich in der Schule besser aufgepasst, dann stünde ich heute auch besser da.» Das sagte mir einst eine Mutter von vier Kindern. Sie klagte sich selbst an, statt den tiefen Lohn, den sie im Detailhandel erhält. Und diese Haltung ist immer noch verbreitet. Schliesslich leben wir in einer stark individualisierten Gesellschaft. Da klopfen sich auch Reiche auf die eigene Schulter, wenn sie viel Geld erben, als ob das ihr eigenes Verdienst sei. Und so übernehmen Armutsbetroffene viel von dem, was gesellschaftlich verursacht ist. Je niedriger die Einkommen ausfallen, desto höher sind die gesundheitlichen Beeinträchtigungen. Allerdings verändert sich allmählich die Bereitschaft, sich selbst die Schuld für missliche Verhältnisse zu geben. Die grössere Transparenz über soziale Ungleichheiten macht Betroffene wütend. Resignation verkehrt sich in Empörung. Das hilft Benachteiligten, sich mehr für eigene Interessen einzusetzen. Bei etlichen führen jedoch Wut und Verunsicherung dazu, Halt bei autoritären und neopopulistischen Kreisen zu suchen. Ob sich diese Gefahr weiter verschärft, hängt unter anderem davon ab, wie sich der globale Kontext verändert.

II. Gegenläufige Trends

Die Globalisierung ist heute stark wirtschaftlich geprägt. Sie setzt sich als kühler und distanzierter Globalismus durch. Und damit verstärken sich scheinbar gegenläufige Tendenzen eines Provinzialismus, der wieder mehr Nähe und Wärme vermitteln soll. Wenn die globale Offenheit zu viel offen lässt, favorisieren viele Menschen enge lokale Grenzen. Aber das muss nicht sein. Als Alternative bietet sich eine soziale, kulturelle und politische Globalität an, die auch das regionale Bewusstsein stärkt. «Global denken, lokal handeln», lautet ein alter Slogan, der die internationale Solidarität ebenso hochhält wie die örtliche Verbundenheit. Daran lässt sich anknüpfen. Gegenläufige Entwicklungen prägen allerdings die aktuelle Lage.

Die Chancen, persönliche Fähigkeiten zu verwirklichen, waren noch selten so gut wie heute. Aber das ist nur ein Teil meiner These. Denn diese möglichen Chancen haben eine Kehrseite. Sie waren wohl noch selten so gefährdet wie heute. Und das nicht nur wegen ökologischer Risiken, sondern auch wegen neuer sozialer Probleme. So steigen beispielsweise die nominellen Löhne im Durchschnitt. Wenn wir aber die freien verfügbaren Einkommen (nach Abzug der Ausgaben für Steuern, Versicherungen, Mieten und die Gesundheit) betrachten, dann zeigt sich bei den untersten zehn Prozent ein anderes Bild. Sie verloren mehrheitlich an Kaufkraft. Und das stresst viele Familien. Dies auch deshalb, weil das relativ gute System der sozialen Sicherheit mit dem Wandel der Lebensformen nicht Schritt hält. Es orientiert sich an klassischen Familien und an einer kontinuierlichen Erwerbstätigkeit, die immer seltener vorkommt. Zudem gibt die Schweiz seit dem Jahr 2004 weniger Anteile ihres Brutto-Inlandproduktes für die soziale Sicherheit aus. Und das trotz gestiegenem Reichtum. Die Schweiz gilt zwar als reichstes Land der Welt. Aber mit der Verteilung hapert es. Dazu fehlt der politische Wille.

Heute konkurrieren, durch die Finanz- und Wirtschaftskrise akzentuiert, zwei Optionen. Die eine favorisiert gängige Wachstumsstrategien. Wenn sie reüssiert, verschärfen sich die soziale Brisanz und der globale Wettlauf um Ressourcen. Dann bricht der gesellschaftliche Zusammenhalt auf. Das befürchten auch einzelne Begüterte. Sie plädieren deswegen wieder mehr dafür, das politisch liberale Verständnis zu stärken. Sie wollen gegenüber dem dominanten Kapital mehr Sorge zum Faktor Arbeit tragen. Diese Position nähert sich ein wenig jener andern Option an, die eigenständig auf eine demokratische Politik setzt. Die Politik soll die Bevölkerung vertreten und mit verbindlichen Rahmenbedingungen die Umwelt schützen und den sozialen Ausgleich fördern. Welche der beiden Optionen sich durchsetzt ist offen. Sie prägen auch meine zwei unterschiedlichen Szenarien.

III. Weiter wie bisher

Das erste Szenario orientiert sich an dem, was passiert, wenn alles mehr oder weniger so weiter geht wie bisher. Dieses Szenario ist pragmatisch auf Nützlichkeit ausgerichtet und gilt deshalb als realistisch. Menschen strecken sich nach der Decke. Sie finden sich mit dem ab, was vorhanden ist und unmittelbar möglich zu sein scheint.

Beim ersten Szenario dominieren wirtschaftlich weitgehend private Finanzunternehmen und Dienstleistungsfirmen. Sie bieten vornehmlich Arbeit für gut qualifizierte und ambitionierte Personen an. Die forcierte Konkurrenz stellt hohe Anforderungen. Was motiviert, ist die Aussicht auf Konsum. Zudem der Zwang, sich gegenüber andern profilieren zu müssen. Auch, weil mit dem Rationalisierungsdruck das Damoklesschwert der Erwerbslosigkeit über den Betrieben schwebt. Das bringt Werktätige gegeneinander auf und verkehrt Freunde zu Feinden. Unterschiede zeigen sich auch im Verdienst. Die unterschiedliche Bewertung der Arbeit schichtet und hierarchisiert die abhängig Angestellten. Sie sind einem Arbeitsmarkt ausgesetzt, den jene stark kontrollieren, die über die Produktionsmittel verfügen. Dass sich das System der sozialen Sicherheit einseitig an der Erwerbsarbeit orientiert, verschärft die Abhängigkeit. Die relativen Ausgaben für die sozialen Sicherheiten gehen weiter zurück. Die institutionelle Politik ist formal demokratisch konzipiert. Sie orientiert sich aber stark am dominanten Finanzregime. Der weiterhin kartellartig regulierte Markt legt auch das Verhältnis von Arbeit und Kapital zugunsten des Letzteren fest. Weil private Gewinne dominieren, kommt dabei der Schutz der Umwelt zu kurz. Ebenso, wer keine Lobby hat. Dazu gehören Arbeitnehmende, die wenig verdienen, sowie sozial Benachteiligte. Für sie ist, ergänzend, die Sozialhilfe zuständig, die mit weniger Mitteln grössere Probleme zu bewältigen hat. Soziale Lasten werden zunehmend auf Einzelne abgewälzt. Das belastet vor allem Familien mit Kindern. Ebenso die Beziehungen zwischen den Generationen. Die strapazierte Subsidiarität unterläuft die Solidarität. Im Gegensatz zur christlichen Soziallehre: Diese bedachte die beiden Prinzipien noch als gegenseitige Voraussetzung.

Beim ersten Szenario verschärfen sich soziale Differenzierungen. Sie schliessen jene aus, die weniger fit und nützlich zu sein scheinen. Soziale Anerkennung bleibt stark materiell orientiert. Wichtig ist die Stellung im Erwerbsbereich. Finanzielle Anreize motivieren das Verhalten. Die eigene Identität definiert sich über das Erfüllen äusserer Erwartungen und Anforderungen. Das Denken reproduziert die hierarchische Ordnung, die sich räumlich provinziell verschliesst. Sie korrespondiert mit dem Globalismus, der Entwicklung einseitig als wirtschaftliches Wachstum versteht. Legitimiert durch die Ideologie einer Modernisierung im Sinne der US-dominierten «Westernisation». Sie postuliert Investitionen in Luxuszentren und prognostiziert ein Durchsickern des Reichtums in das Hinterland. Aber dieser Effekt lässt auf sich warten. Er bringt viel Unzufriedenheit mit sich. Das wertet das staatliche Gewaltmonopol auf, das autoritär für Ruhe und Ordnung sorgt. Dieser Trend entspricht der Konzeption einer Neuen Weltordnung, die weltweit die Interessen der Privilegierten mit vorwiegend ordnungspolitischen und militärischen Mitteln schützt.

Das erste Szenario bleibt weitgehend dem zweckrationalen Denken der industriellen Moderne verhaftet. Die Haltung favorisiert ein klares Entweder-oder, das Komplexität stark reduziert und mehr simplifiziert denn differenziert. Das dokumentiert sich auch im Umgang mit Zeit. «Time is money.» So lautet das Credo. Wie einst von Benjamin Franklin formuliert. Es gilt, permanent alles zu beschleunigen und die Effizienz zu optimieren. Dabei gehen viel Lebendigkeit und Lebensqualität verloren.

IV. Utopie als Teil der Realität

Das zweite Szenario beinhaltet eine konkrete Utopie. Es betrachtet die Utopie als Teil der Realität. Das Credo lautet: Eine andere Welt ist möglich. «Soyez réalistes, demandez l'impossible!»

Neue Formen der Beteiligung kennzeichnen die Wirtschaft. Sie reichen von breit abgestützten privaten Unternehmen, bei denen die Aktien mehrheitlich der Belegschaft gehören, über öffentlich-rechtliche Betriebe zu gemeinwirtschaftlichen. Weit verbreitet sind Genossenschaften unterschiedlicher Grösse. Dazu zählen selbst verwaltete Betriebe, gewerbliche, industrielle und solche, die vielfältige Dienstleistungen erbringen. Was bei der Renaissance der sozialen Ökonomie auffällt, ist die neue Attraktivität des Handwerks, das eng mit dem biologischen Landbau kooperiert. Die aufgefächerte Produktionsstruktur mindert einseitige Abhängigkeiten. Sie garantiert weitgehend die regionale Subsistenz und erzielt ein erhebliches Mehrprodukt, das zu stabilen Preisen mit teilweise fest gelegten Kontingenten vermarktet wird. Progressive Steuern gleichen die (zeitlich) unterschiedliche Wertschöpfung von Investitionen in hoch technologische Branchen und neue erneuerbare Energien aus. Die Entlöhnung erfolgt in der Regel nach zeitlichem Aufwand. Eine Stunde zählt als eine Stunde. Egal, ob sie im IT-Bereich oder in der Reinigung geleistet wird. Ausnahmen sind möglich. Der maximale Lohn kann sogar doppelt so hoch sein wie der minimale. Statt irgendwelchen umweltbelastenden Ramsch zu produzieren, stehen bei der Arbeit die Fragen nach dem Sinn und dem wirklichen Bedarf im Vordergrund.

Garantierte Ergänzungsleistungen entkoppeln das Einkommen vom Erwerb. Alle, die keine Lohnarbeit verrichten können, haben Anrecht auf finanziellen Ausgleich. Als Prinzip gilt: Wer ins Wasser fällt oder sich kaum mehr mit eigenen Kräften über

BS & BL
WIEDERVER-
EINIGUNG

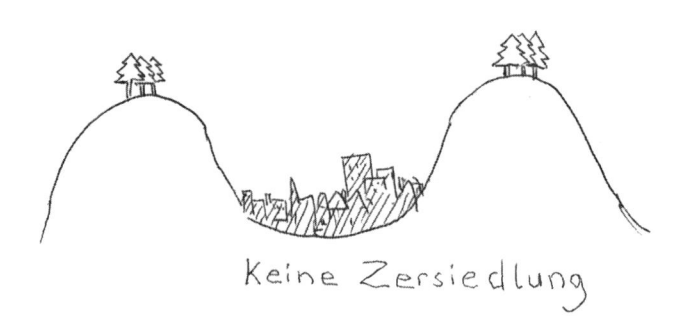

Keine Zersiedlung

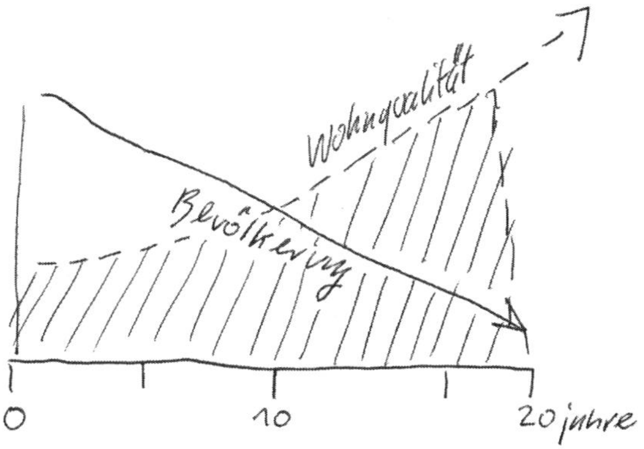
Wohnqualität
Bevölkerung
0
10
20 jahre

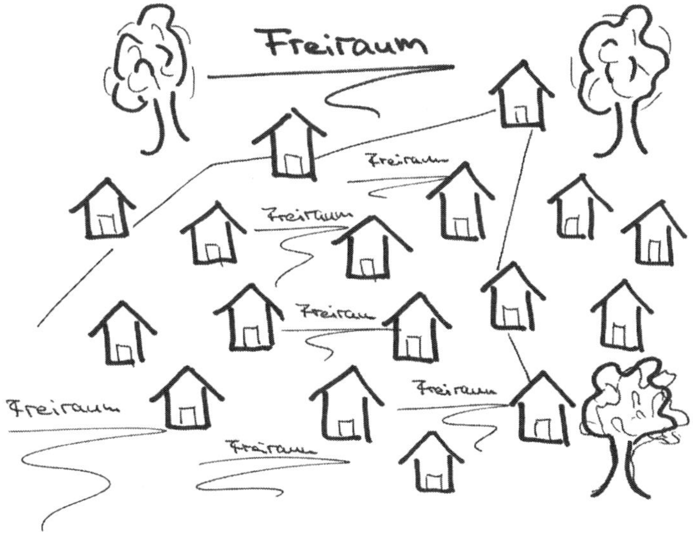
Freiraum
Freiraum
Freiraum
Freiraum
Freiraum
Freiraum
Freiraum

Wasser halten kann, erhält Hilfe. Und das humanitär motiviert. Nicht, weil die Renten rentieren. Obwohl das zutrifft. Die Renten rentieren über Konsum- und Mietausgaben sowie über qualitativ hoch stehende Pflegeleistungen. Hinzu kommt die Zufriedenheit der Menschen. Die Renten schaffen auch neue Stellen. Das ist mit ein Grund, weshalb politisch Liberale dafür sind, die Ergänzungsleistungen auszuweiten. In einem ersten Schritt auf Familien mit Kindern und in einem zweiten auf alle Haushalte mit zu wenig Einkommen. Die politisch liberalen Kräfte verständigen sich immer wieder mit den egalitär demokratischen. Sie halten auch dafür, das Verhältnis von Kapital und Arbeit normativ zu vereinbaren, statt gläubig einem Markt zu überlassen, den das Finanzregime monopolisiert.

Der Umgang mit der Umwelt ist schonend. Ressourcen sind so zu nutzen, dass sie sich wieder regenerieren. Das gesellschaftliche Denken ist selbst reflexiv und antizipiert eine Zukunft mit Zukunft. Das gilt auch für das Verhältnis zu künftigen Generationen. Sie sollen keine belastenden Hypotheken abtragen müssen. Ein kooperatives Verständnis prägt die sozialen Beziehungen. Die institutionelle Solidarität garantiert die Existenzsicherung, die individuelle Solidarität kommt ergänzend aus freien Stücken zum Tragen. Soziale Prozesse der Teilnahme und Teilhabe ermöglichen Zugehörigkeit und eine Kultur des Respekts. Das persönliche Engagement ist stark intrinsisch motiviert. Partnerschaftlich ist das Verhältnis zwischen den Geschlechtern. Und die persönliche Identität lässt Ambivalenzen zu, ohne in Beliebigkeit abzudriften. Ja, die viel gepriesene Authentizität zeigt sich gerade im Umgang mit Widersprüchen. Statt Fassaden hochzuhalten, stehen die Menschen zu ihren eigenen Schwächen. Das motiviert Jugendliche dazu, Neues auszuprobieren und Schritte zu wagen. Zumal Fehler erlaubt sind. Transparenz ersetzt vermeintliche Omnipotenz. Die Frage «Was verliere ich, wenn ich nicht gewinne?» hilft, sich weniger auf Kosten von andern durchsetzen zu müssen.

Das räumliche Denken situiert das Regionale im Kontext des Globalen. Es schärft den Blick nach innen und öffnet die Horizonte nach aussen. Nähe und Distanz erweisen sich als keine prinzipiellen Gegensätze. Sie gehören zusammen. Wer Nähe zulässt und sinnlich erfährt, nimmt auch Differenzen wahr. Die Option ist eine Entwicklung im Sinne der Befreiung. Das gilt auch für die Neue Weltwirtschaft, die, von der UNO vorgeschlagen, den komplementären Austausch vereinbart. Und zwar so, dass er allen Beteiligten ähnlich nützt und die kollektive Eigenständigkeit (Selfreliance) stützt. Wenn die Preise für industriell gefertigte Güter steigen, sind auch die dafür erforderlichen Rohstoffe höher zu entgelten. Südliche Länder würden damit einen erheblichen Mehrerlös erzielen. Dieser könnte ihnen helfen, ihre existenziellen Bedürfnisse zu befriedigen. Das würde auch das Weltgeschehen weiter befrieden.

Mehr Win-win-Konstellationen sind jedenfalls möglich. Mit dieser Erfahrung und diesem Bewusstsein kommt ein Denken zum Tagen, das sich stärker am verbindenden Sowohl-als-auch orientiert. Damit erhöht sich auch die Sensibilität dafür, wann Beschleunigung hinderlich ist. Die Entdeckung der Langsamkeit kontrastiert das Verständnis von «Zeit ist Geld». Als Beispiel dient der Forschungsreisende John Franklin, der als Kind unter seiner Behinderung litt. Ein besonnener Lehrer vermittelte ihm aber, wie es möglich ist, Not in Tugend zu verwandeln und beim gemächlichen Gehen mehr zu sehen als beim flüchtigen. John Franklin vermochte das umzusetzen. Und so erfuhr er in seinem eindrücklichen und erfolgreichen Leben immer wieder, wie weiterführende Begegnungen besonders dort zustande kommen, wo sich Menschen achtsam und langsam begegnen. John Franklin machte diese Erfahrung in der Antarktis und in Tasmanien. Sie prägt nach dem zweiten Szenario auch das Zusammenleben «Vo Schönebuech bis Ammel, vom Bölche bis zum Rhy». Und hoffentlich darüber hinaus.

V. Zukunft mit Zukunft

Prognosen sind immer heikel und auch müssig. Wer weiss schon, was sein wird. Gewiss gibt es Hinweise und Anhaltspunkte. Aber zum Glück nie im Sinne einer Gewähr. Jedenfalls ist die Geschichte voller Überraschungen. Und doch vermitteln Blicke in die imaginäre Zukunft mögliche Orientierungen, über die sich streiten lässt. Wichtiger als ausgeklügelte und geniale Voraussagen sind jedoch permanente Verständigungen über Prozesse der Entscheidungsfindung. Viel hängt nämlich davon ab, wie partizipativ diese zustande kommen. Darüber hinaus lassen sich selbstverständlich auch inhaltliche Prägungen benennen. Und sei das auch mehr symbolisch. Dann lässt sich nämlich einfacher darüber diskutieren, was für einen Kanton Baselland oder eine Nordwestschweiz wir wollen. Eine Dienstleistungsgesellschaft für Reiche? Mit Einkaufs- und Kulturtempeln in regionalen Agglomerationen? Und Schlafstätten im pittoresken Hinterland mit Wiesen und Wäldern? Und Menschen, die tagsüber mehrheitlich in städtischen Metropolen arbeiten? Nun, dazu bieten sich vielversprechende Alternativen an. Und es lohnt sich, weiter darüber nachzudenken.

Quellen

Bundesamt für Sozialversicherungen (2010), Schweizerische Sozialversicherungsstatistik 2010. Bern. Eidgenössisches Departement des Innern.

Bundesamt für Statistik, BFS (2011), Statistischer Sozialbericht 2011, Bericht des Bundesrates, 18.5.

Bundesrat (2010): Gesamtschweizerische Strategie zur Armutsbekämpfung, Bern, 31.3.

Credit Suisse (2010), Global Wealth Databook, Zürich, CS.

Ueli Mäder (1999), Für eine solidarische Gesellschaft, Rotpunktverlag, Zürich.

Ueli Mäder, Ganga Jey Aratnam, Sarah Schilliger (2010), Wie Reiche denken und lenken, Rotpunktverlag, Zürich.

Sten Nadolny, Die Entdeckung der Langsamkeit (1983), Piper, München.

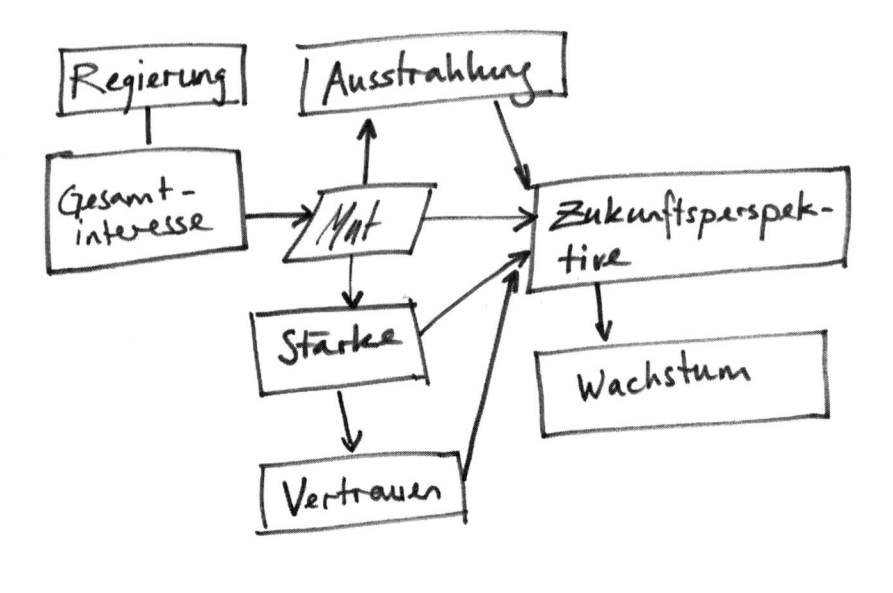

```
[Regierung]   [Ausstrahlung]
     |            ↑  ↘
[Gesamt-        [Mut] ────→ [Zukunftsperspek-
 interesse] ──→  ↓     ↗      tive]
                [Stärke]       ↓
                 ↓           [Wachstum]
                [Vertrauen] ──┘
```

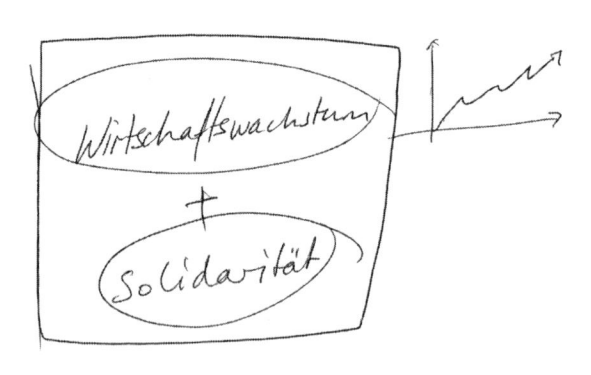

```
┌─────────────────────────┐
│ (Wirtschaftswachstum)   │  ↗↗
│          +              │  ─→
│    (Solidarität)        │
└─────────────────────────┘
```

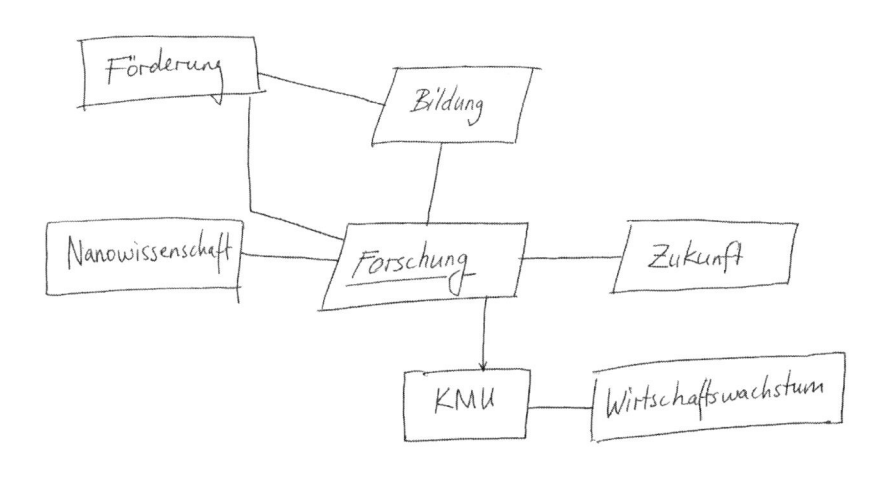

Diagramm 1

- Förderung
- Bildung
- Nanowissenschaft
- Forschung
- Zukunft
- KMU
- Wirtschaftswachstum

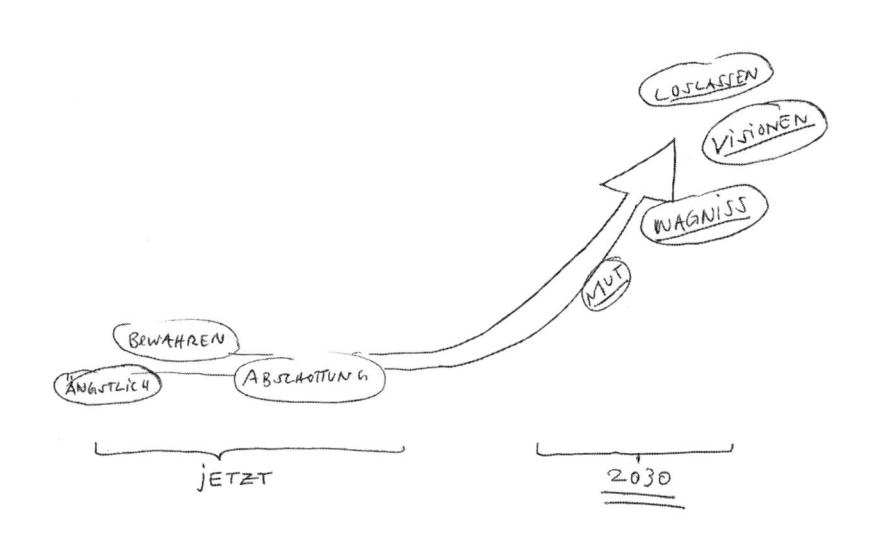

Diagramm 2

JETZT: ÄNGSTLICH, BEWAHREN, ABSCHOTTUNG

→ MUT, WAGNISS, VISIONEN, LOSLASSEN

2030

Szenarien aus Sicht der Wirtschaft

Die Wirtschaft vor neuen gesellschaftlichen und internationalen Herausforderungen

Dr. phil. Kathrin Amacker-Amann, *Leiterin Unternehmskommunikation Swisscom, Präsidentin Regio Basiliensis*

Inhalt Seite

I. **Blick in die Vergangenheit** 53

II. **Fakten der Gegenwart** 56

III. **Globale Megatrends** 61

IV. **Szenarien für die Zukunft** 65
   A. Es soll bleiben, wie es ist 65
   B. Die Kaffemaschinen-Visionn 66

I. Blick in die Vergangenheit

Vor der Kantonsteilung 1833 war das Gebiet des heutigen Kantons Basel-Landschaft stark durch die Landwirtschaft und durch die Heimposamenterei geprägt. Durch den städtischen Zunftzwang in ihrem Bedürfnis nach Ausdehnung gehemmt, waren die Basler Fabrikanten auf die Idee gekommen, auf der Landschaft weben zu lassen. Diese Protoindustrialisierung – eine Industrialisierung vor der eigentlichen Industrialisierung – prägte die Dörfer der Basler Landschaft massgeblich. Die Seidenbandweberei hatte grosse wirtschaftliche Bedeutung.

Einen wichtigen Impuls für die Industrialisierung des Kantons Basel-Landschaft und der Region gab die Entdeckung des Salzes. 1836 machte der Deutsche Carl von Glenck beim «Rothuus» im Muttenzer Bann einen glücklichen Fund. Er stiess nahe dem Rhein auf erhebliche Salzvorkommen und erlangte 1837 vom Baselbieter Regierungsrat eine Konzession zur Salzförderung. Salz hatte man bisher in der Schweiz – mit Ausnahme von Bern – immer aus dem Ausland bezogen. Der Fund bei Muttenz bedeutete, dass es im Kanton Basel-Landschaft einen Rohstoff von gesamtschweizerischer Bedeutung gab.

Nicht zuletzt durch die Salinen schaffte die Nordwestschweiz den wirtschaftlichen Aufschwung. So siedelten sich kurz nach der Gründung der Saline Schweizerhalle zahlreiche chemische Industriebetriebe rund um die Saline an, welche Salz als Rohstoff und Ausgangsprodukte für ihre Erzeugnisse brauchten. Die chemische Industrie, welche heute grossenteils von der Pharmabranche abgelöst wurde, machte das Gebiet Schweizerhalle zu einem der grössten und wichtigsten Industriegebiete der Schweiz.

Industrialisierung

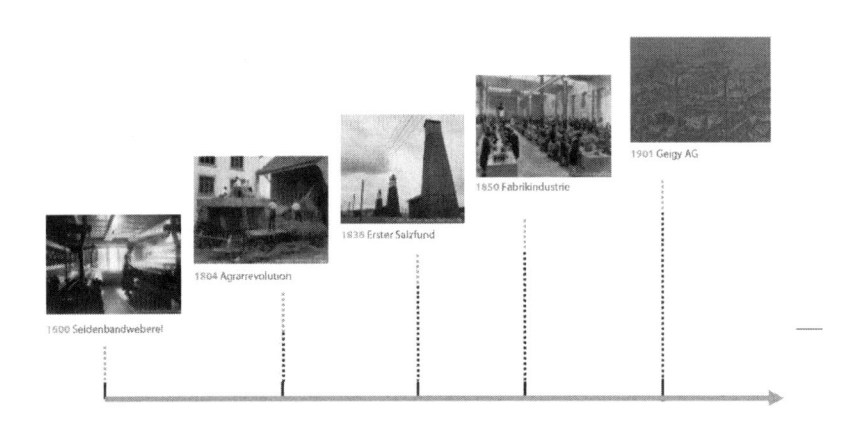

1600 Seidenbandweberei
1804 Agrarrevolution
1836 Erster Salzfund
1850 Fabrikindustrie
1901 Geigy AG

Die Baselbieter Wirtschaft setzte sich zu Beginn des 20. Jahrhunderts einerseits aus einem traditionellen, familienwirtschaftlichen Sektor – dem die heimindustrielle Seidenbandweberei, die Landwirtschaft sowie das Kleingewerbe angehörten – und andererseits aus dem modernen, industriellen Sektor zusammen. Zu letzterem gehörten die Chemische Industrie, die Schuhindustrie, die Metall- und Maschinenindustrie, die Nahrungs- und Getränkeindustrie sowie die Uhrenindustrie.

Nach dem Zweiten Weltkrieg setzte keine Nachkriegsdepression, sondern eine anhaltende Phase wirtschaftlichen Aufschwungs ein. Wie der Schweizer, so öffneten sich auch der Baselbieter Wirtschaft im kriegsversehrten Ausland einträgliche Märkte. Die Gründungsphase der ersten Hälfte des 20. Jahrhunderts hinterliess dem Baselbiet der Nachkriegszeit einen vielfältigen und modernen Industriesektor.

Die wirtschaftlichen Startchancen der Agglomeration Basel standen gut. Die beiden Basel gehörten denn auch zur Spitzengruppe der industrialisierten Kantone der Schweiz und vollzogen den wirtschaftlichen Wachstumsprozess der Nachkriegszeit in besonders ausgeprägter Form.

Die Bevölkerung des Kantons Basel-Landschaft nahm in einem Ausmass zu wie sonst in keinem andern Stand der Eidgenossenschaft. Auch die Wachstumsfolgen, wie beispielsweise die Umweltbelastung und die Engpässe im Verkehrswesen, zeigten sich in der Nordwestecke der Schweiz besonders krass.

Modernisierung

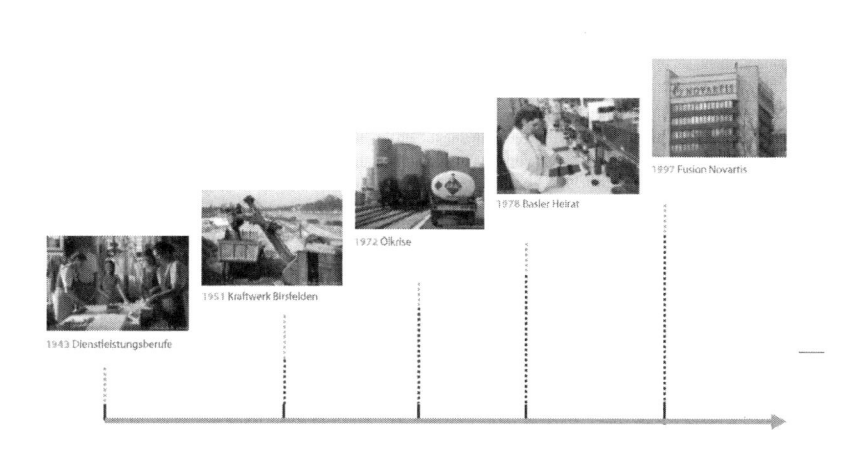

1943 Dienstleistungsberufe
1951 Kraftwerk Birsfelden
1972 Ölkrise
1978 Basler Heirat
1997 Fusion Novartis

Ob im Spitalwesen, bei den Schulen oder beim Bau von Kanalisations- und Reinigungsanlagen: In den 1950er- und 1960er-Jahren dominierte die Bewältigung des quantitativen Wachstums. In diesen Bereichen geriet der Kanton Basel-Landschaft früher als andere Kantone unter Zugzwang, so dass er Pionierleistungen für die Schweiz erbrachte.

Der Zweiteilung der Wirtschaftsstruktur entsprach während den ersten Jahrzehnten des 20. Jahrhunderts ein doppelter Konjunkturverlauf im Baselbiet: Während der traditionelle Teil der Baselbieter Wirtschaft in einer strukturellen Krise steckte, prosperierten ihre modernen Zweige.

Weil diese beiden Sektoren ungleich über den Kanton verteilt waren, verlief die konjunkturelle Entwicklung im oberen und unteren Kantonsteil nicht gleich. Die serbelnde Posamenterei fand sich vor allem im Oberbaselbiet, während sich die aufstrebenden Industriebetriebe vorwiegend in der Agglomeration Basel oder in den verkehrsgünstigen Talgemeinden des oberen Kantonsteils ansiedelten.

Baselland hat einen wesentlichen Anteil an der wirtschaftlichen und industriellen Entwicklung der Nordwestschweiz: Chemische Industrie, Logistik und Transport (Rheinhäfen) sind nicht bloss ein Basler, sondern auch ein Baselbieter Produkte.

II. Fakten der Gegenwart

Ende September 2008 waren in den beiden Basel gemäss der Eidgenössischen Betriebszählung im Industrie- und Gewerbesektor sowie im Dienstleistungsbereich insgesamt knapp 284 000 Beschäftigte tätig.

Gut 26% der Beschäftigten sind im gewerblichindustriellen Sektor tätig, im Dienstleistungssektor rund 74%. Seit 2005 ist die Zahl der Arbeitsstellen in den beiden Basel um 5,1% angestiegen.

Rund 56% der Beschäftigten beider Basel arbeiten im Stadtkanton, 44% im Baselbiet. Von den insgesamt rund 22 600 Arbeitstätten im Industrie-, Gewerbe- und Dienstleistungssektor hat jedoch die Mehrheit einen Standort im Baselbiet (53%).

In der Stadt sind dagegen deutlich mehr Grossunternehmen mit mehr als 250 Vollzeitstellen angesiedelt als auf dem Land (61 vs. 37 im Jahr 2008). Knapp jeder dritte Beschäftigte in Basel-Stadt arbeitet in einem Grossunternehmen, in Basellland ist es nur jeder siebte.

Im Stadtkanton sind die Pharmaindustrie sowie der Bereich der Finanz- und Versicherungsdienstleistungen stärker vertreten als im Landkanton. Das Baselbiet hat jedoch in der Metall- und Maschinenindustrie einen höheren Beschäftigtenanteil als Basel-Stadt.

Zusammen verfügt die Region über einen relativ krisenresistenten Branchen-Mix. Von den 75 000 Beschäftigten im industriell-gewerblichen Sektor arbeitet knapp ein Drittel im Bereich der pharmazeutischen und chemischen Industrie, ein Viertel in der Baubranche sowie rund 14% in der Metall- und Maschinenindustrie (inkl. Fahrzeugbau).

Im Dienstleistungssektor mit gut 208 000 Beschäftigten gehören das Gesundheits- und Sozialwesen mit einem Anteil von 18%, der Gross- und Detailhandel (16%) sowie freiberufliche wissenschaftliche und technische Dienstleistungen (12%) zu den wichtigsten Branchen.

Nicht zu vernachlässigen ist auch die Kreativwirtschaft, welche sich nur schwierig anhand der offiziellen Branchenzweige erfassen lässt. Eine Abgrenzung in Anlehnung an die Studie zur Basler Kreativwirtschaft (Departement für Wirtschaft, Soziales und Umwelt BS 2010) zeigt, dass rund 7% der Beschäftigten im Stadtkanton und knapp 5% im Baselbiet der Kreativbranche angehören, wobei dieser Bereich seit 2005 im Vergleich zur Gesamtschweiz in der Stadt überdurchschnittlich gewachsen ist (+10,4% vs. +7,8%).

Im Vergleich zu 2005 wurden in den beiden Basel insgesamt rund 13 700 neue Arbeitsstellen geschaffen. Der industriell-gewerbliche Sektor legte um 5,8% zu und ist somit wieder auf dem Niveau von 2001. Insbesondere die pharmazeutische Industrie konnte im Vergleich zu 2005 knapp 12% zusätzliche Stellen schaffen.

Im Maschinen- und Fahrzeugbau wurden knapp 1 300 Beschäftigte mehr gezählt und auch das Baugewerbe sowie die Metallindustrie konnten deutlich zulegen (+1 175 und +640 Beschäftigte). Die chemische Industrie zählte dagegen 2008 rund 800 Beschäftigte weniger als noch 2005.

Im Dienstleistungssektor, in welchem die Zahl der Beschäftigten seit 2005 um 4,8% angestiegen ist, gehören die Bereiche Gesundheits- und Sozialwesen mit einem Plus von rund 2 200 Stellen sowie die Finanz- und Versicherungsdienstleistungen und der Grosshandel (je +1 495 Beschäftigte) zu den klaren Wachstumsträgern. Im Detailhandel wurden rund 400 Stellen weniger gezählt als noch 2005.

Abb. 2.1: Absolute Veränderung der Beschäftigtenzahl BS/BL nach ausgewählten Wirtschaftszweigen 2005 – 2008

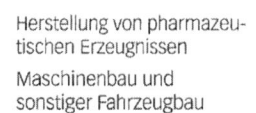

Sektor 2 (Industrie, Gewerbe)

Wirtschaftszweig	Veränderung
Herstellung von pharmazeutischen Erzeugnissen	1 908
Maschinenbau und sonstiger Fahrzeugbau	1 290
Baugewerbe	1 175
Herstellung von Metallerzeugnissen	640
Energie- und Wasserversorgung, Abwasser- und Abfallentsorgung	-285
Herstellung von chemischen Erzeugnissen	-785

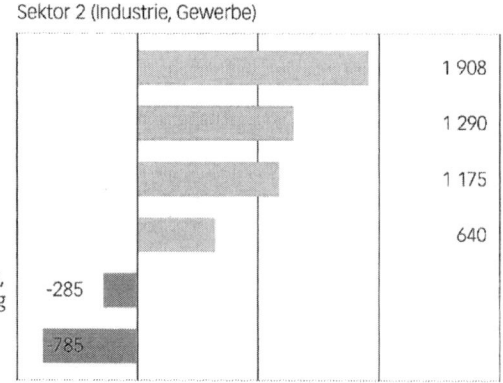

Sektor 3 (Dienstleistungen)

Wirtschaftszweig	Veränderung
Gesundheits- und Sozialwesen	2 163
Finanzdienstl., mit Finanz- und Versicherungsl. verb. Tätigkeiten	1 495
Grosshandel (ohne Handel mit Motorfahrzeugen)	1 495
Erziehung und Unterricht	1 080
Arch.- und Ing.büros; techn., physikal., chem. Untersuchung	1 003
Gebäudebetreuung; Garten- und Landschaftsbau	913
Forschung und Entwicklung	614
Gastgewerbe/Beherbergung und Gastronomie	515
Vermittlung und Überlassung von Arbeitskräften	-209
Öffentliche Verwaltung, Verteidigung, Sozialversicherung	-261
Detailhandel (ohne Handel mit Motorfahrzeugen)	-405

Quelle: Eidgenössische Betriebszählungen

Abb. 2.2: Jährliche Wachstumsrate der realen Wertschöpfung ausgewählter Branchen BS/BL 2005–2009

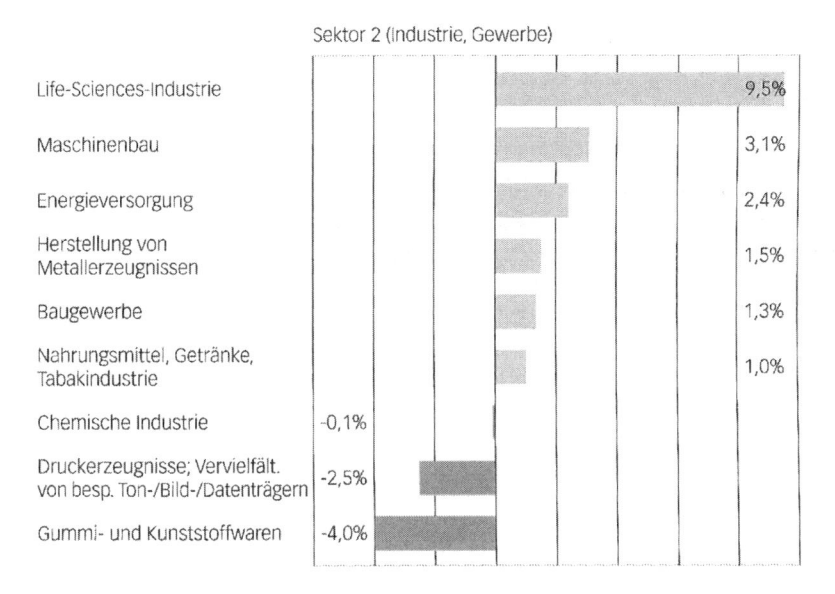

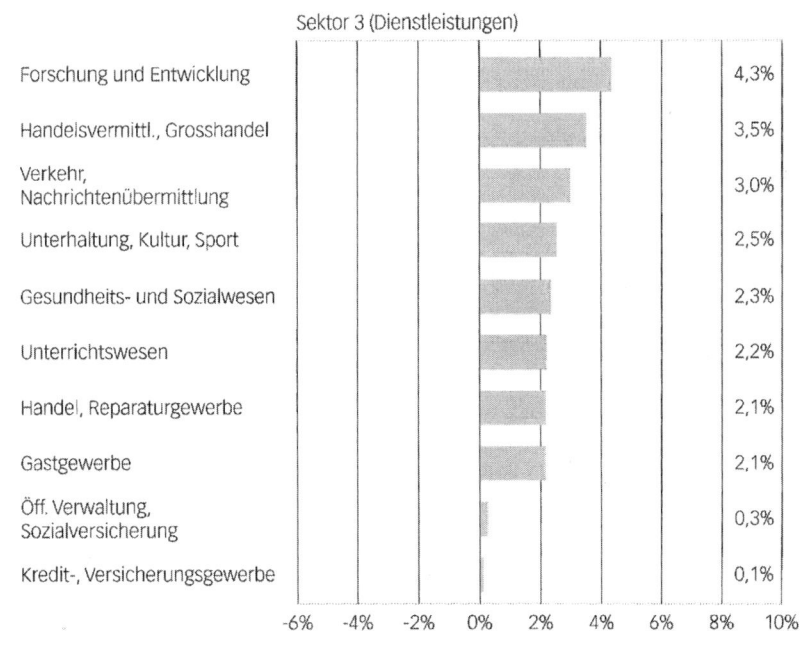

Sektor 2 (Industrie, Gewerbe)

Branche	Wachstumsrate
Life-Sciences-Industrie	9,5%
Maschinenbau	3,1%
Energieversorgung	2,4%
Herstellung von Metallerzeugnissen	1,5%
Baugewerbe	1,3%
Nahrungsmittel, Getränke, Tabakindustrie	1,0%
Chemische Industrie	-0,1%
Druckerzeugnisse; Vervielfält. von besp. Ton-/Bild-/Datenträgern	-2,5%
Gummi- und Kunststoffwaren	-4,0%

Sektor 3 (Dienstleistungen)

Branche	Wachstumsrate
Forschung und Entwicklung	4,3%
Handelsvermittl., Grosshandel	3,5%
Verkehr, Nachrichtenübermittlung	3,0%
Unterhaltung, Kultur, Sport	2,5%
Gesundheits- und Sozialwesen	2,3%
Unterrichtswesen	2,2%
Handel, Reparaturgewerbe	2,1%
Gastgewerbe	2,1%
Öff. Verwaltung, Sozialversicherung	0,3%
Kredit-, Versicherungsgewerbe	0,1%

Quelle: BAK Basel Economics AG

Das jährliche Wachstum der realen Wertschöpfung zwischen 2005 und 2009 belief sich im Industrie- und Gewerbesektor auf durchschnittlich 5,0%. Der Dienstleistungsbereich ist in der gleichen Zeit mit durchschnittlich 1,4% weniger stark gewachsen.

Auch die Forschung und Entwicklung gehört zu den Wachstumsträgern der Region und wächst seit 2005 mit durchschnittlich über 4%. Zwischen 1995 und 2005 erreichte sie noch höhere jährliche Wachstumsraten von 10 bis 15%. Nur in wenigen Bereichen ist die reale Wertschöpfung zwischen 2005 und 2009 zurückgegangen.

Besonders betroffen waren in dieser Periode die Herstellung von Gummi- und Kunststoffwaren mit einem durchschnittlichen Rückgang von jährlich 4,0% sowie der Bereich der Druckerzeugnisse mit einer jährlichen Abnahme von 2,5%.

Die Region Basel ist die zweitgrösste Wirtschaftsregion der Schweiz. 7% der Beschäftigten der Schweiz sind in den beiden Basel. Damit darf die Region Basel als Wirtschaftsmotor der Schweiz bezeichnet werden.

Das wirtschaftliche Zugpferd ist die Life-Science-Industrie. Seit Anfang der 1990er-Jahre wächst die Life-Sciences-Industrie konstant mit durchschnittlichen Wachstumsraten von über 9%.

III. Globale Megatrends

Megatrends sind langfristige und übergreifende Transformationsprozesse. Sie sind wirkungsmächtige Einflussgrössen, welche die Märkte der Zukunft entscheidend prägen werden. Megatrends skizzieren den grossen Wandel in den nächsten Jahrzehnten, wie er sich schon hier und jetzt in verschiedenen Bereichen abzeichnet. Diese Bereiche beeinflussen sich vielfach gegenseitig und können sogar voneinander abhängig sein.

Die Trendforschung kann wertvolle Hinweise zur Zukunftsgestaltung geben, denn sie sieht die «Zeichen der Zeit», erkennt die dynamischen Kräfte hinter diesen Zeitzeichen, kombiniert sie mit Erfahrungswissen und entdeckt darin neue Muster für die Zukunftsgestaltung.

Megatrends sind die grossen Veränderungsprozesse, die unser Leben, beruflich wie privat, über grössere Zeiträume grundlegend verändern. Es sind Entwicklungen und Prozesse, die über 2–5 Jahrzehnte anhalten, überall auf dem Planeten spürbar sind und einen universellen Charakter haben. Megatrends zeigen sich in allen Lebensbereichen, von der Ökonomie über die sozialen Lebenswelten bis zur Arbeits- und Konsumwelt, Bildung und Politik.

Blick in die Zukunft

Die wichtigsten Megatrends

Silberne Revolution	Frauen	Individualisierung
Mobilität	Gesundheit	Neo-Ökologie
Globalisierung	Digitalisierung	Neue Arbeit

Niemals zuvor hat Gesundheit einen so hohen Stellenwert gehabt wie in unserer Zeit: Der Gesundheitsmarkt ist bereits heute einer der wichtigsten Eckpfeiler der Wirtschaft. Gesundheit ist eine Schlüsselressource in der Gesellschaft von morgen sowie ein bevorzugtes Konsumgut und Lifestyle-Produkt. Symptombekämpfungsmedizin wird abgelöst werden von proaktiver Gesundheitsvorsorge und komplementären Behandlungsformen. Aus Patientinnen und Patienten werden Kunden und gesundheitsbewusste Lifestyle-Konsumenten.

Umweltschutz, Bioprodukte, Carsharing oder Reduzierung des Wasserverbrauchs gehören heute zum Basisprogramm verantwortungsbewusster Konsumentinnen und Konsumenten. Umweltschutz, Ressourcenschonung, Corporate Social Responsibility – der Megatrend «Ökologie» wird das gesamte Wirtschaftssystem in Richtung einer neuen Business-Moral verschieben. Der Lebensstil LOHAS (= Lifestyle of Health and Sustainability) ist dabei ein prägendes Element. Ökologie stellt eine markante Zäsur dar, die unsere Märkte in den nächsten Jahren radikal verändern wird.

Die Möglichkeiten der digitalen Vernetzung beschränken sich nicht mehr auf die reichen Länder, eine Entwicklung in Richtung Eliminierung der digitalen Kluft zwischen Entwicklungs- und Schwellenländern wird sichtbar. Eine neue Generation wächst heran, für die Bezeichnungen wie SMS, Youtube, Facebook, Twitter oder Blogs zur Alltagswelt gehören. Die zunehmende digitale Vernetzung wird die Wirtschaft und Gesellschaft in den kommenden Jahrzehnten entscheidend prägen. In der Informationsgesellschaft des 21. Jahrhunderts werden Handys und das Internet andere soziale Funktionen erfüllen als noch vor wenigen Jahren: Sie werden zu Alltagsbegleitern und bilden die Basis neuer Netzwerke und Konsumgewohnheiten – und eröffnen so einen riesigen Zukunftsmarkt für innovative Anwendungen, die nur smart genug auf die Bedürfnisse und modernen Lebenswelten reagieren müssen.

Die Globalisierung ist eine der zentralen Herauforderungen für die Welt des 21. Jahrhunderts. Doch entgegen vieler negativer Überzeugungen, die die Medien und öffentliche Meinung bestimmen, haben sich viele globale Trends in den letzten Jahrzehnten zum Positiven entwickelt. Globalisierung sorgt dafür, dass die Welt gewissermassen zum Dorf wird. Entfernungen und Grenzen sind viel leichter zu überwinden. Auch davon profitieren viele Länder, sei es der Dienstleistungssektor durch das steigende internationale Reiseaufkommen oder ganze Volkswirtschaften durch die Zuwanderung motivierter und qualifizierter Köpfe.

Menschen werden in Zukunft immer mobiler sein – im Sinne von alltäglichen Wegzeiten, mehr Umzügen, Reisen usw., beruflich wie privat. In dem Masse, wie Mobilität für ganze Volkswirtschaften und für jeden Einzelnen wichtiger wird, steigt auch die Suche nach Möglichkeiten, die Menschen helfen, ihre Mobilitätswünsche ökonomisch und genussvoll umzusetzen. Verschiedene Möglichkeiten der Vernetzung («Connectivity») können diesen Prozess beschleunigen.

Unsere Arbeitswelt ist immer noch von industrieller Arbeitsorganisation, starren Berufsbildern und regulierten Beschäftigungsformen geprägt. In den kommenden Jahren wird ein Übergang zu flexiblen, mobilen, team- und projektorientierten Arbeitsformen stattfinden. Wir stehen an der Schwelle zum Zeitalter der Kreativ-Ökonomie – hier rückt Arbeit noch näher an die Sphäre der Selbstverwirklichung. Junge Menschen zeigen schon heute, unter welchen Bedingungen sie künftig arbeiten wollen: Für sie sind mobile Internetanwendungen und vernetzte Kommunikationsplattformen integraler Bestandteil des Arbeitslebens. Auch die Vereinbarkeit von Beruf und Familie wird verstärkt eingefordert. Mitarbeitermotivation, Produktivitätssteigerung und Recruiting-Massnahmen entwickeln sich deshalb auf das strategische Ziel der «familienfreundlichen Unternehmen» zu.

Durch den allgemeinen Wohlstandszuwachs seit den 1960er-Jahren entstehen für die Menschen neue Freiheiten und Optionen. Das ermöglicht immer mehr individuelle Entscheidungen, z. B. im Bereich der privaten Lebensführung, des Konsums, der Mediennutzung etc.: Jeder kann sein Leben in eigener Regie, nach eigenen Wünschen gestalten. Individualisierung bedeutet nicht nur den Trend zur «Single-Gesellschaft» und zu einer Kultur der Selbstverwirklichung, sondern bringt auch neue Formen sozialer Vergemeinschaftung jenseits alter Konventionen hervor.

Durch Fortschritte in Medizin, Gesundheitspflege und Ernährung ist die Lebenserwartung gestiegen. Wer auf eine Lebenserwartung von 80 Jahren oder mehr blickt, sieht keinen Grund, sich mit 60 schon innerlich vom Leben zu verabschieden. Das Alter wird derzeit von den Menschen radikal neu definiert: Heute gilt für die meisten Menschen das «gefühlte Alter», also tatsächliches Alter minus 10 bis 15 Jahre. Dieser Trend, Pro-Aging genannt, prägt die Silberne Revolution massgeblich und wird ihre Auswirkungen auf Wirtschaft, Gesellschaft und Konsum in den kommenden Jahren massiv zur Geltung bringen.

Der Einfluss von Frauen in Wirtschaft und Gesellschaft, Politik, Wissenschaft und Kultur nimmt massiv zu. Höhere Bildung und verbesserte berufliche Möglichkeiten für Frauen haben enorme Folgen: Frauen werden ökonomisch unabhängiger und damit auch als Konsumentinnen immer wichtiger. «Female Shift» bedeutet einerseits, dass der Einfluss von Frauen steigt, andererseits den Trend zum «Neuen Mann». Beides wird in Zukunft Gesellschaften, Märkte und Unternehmen entscheidend prägen.

Sich mit der Zukunft zu beschäftigen, heisst, sie zu gestalten. Dies ist die Chance, Dinge, die wir verändert sehen wollen, zu ändern. Und Ideen umzusetzen, die noch vor fünf Jahren keine Chance hatten.

Das Wissen über die globalen Megatrends soll dabei unterstützen, strategisch relevante Entscheide treffen zu können, um die richtigen Investitionen zu tätigen, die raumplanerischen Weichen intelligent zu stellen und damit die wirtschaftliche Prosperität der Region Basel langfristig zu sichern.

Die Megatrends in den Bereichen der Gesundheit und der silbernen Revolution werden sich positiv auf die Life-Science-Industrie in der Region Basel auswirken. Hier lassen sich Chancen nutzen, wenn die Rahmenbedingungen in zentralen Themen kompromisslos gestaltet werden.

In einer Welt, in der sich die Wirtschaftsmacht nach Osten verschiebt und Europa an Einfluss verliert, wird die Innovationsfähigkeit zur Überlebensstrategie. Für einen prosperierenden Life-Science-Standort wird es in den kommenden Jahrzehnten nicht ausreichend sein, sich bei den Investitionen in Forschung und Entwicklung weltweit im Mittelfeld zu platzieren. Hier gilt es, entsprechend zu investieren.

Globale Jagd nach Wissensvorsprung

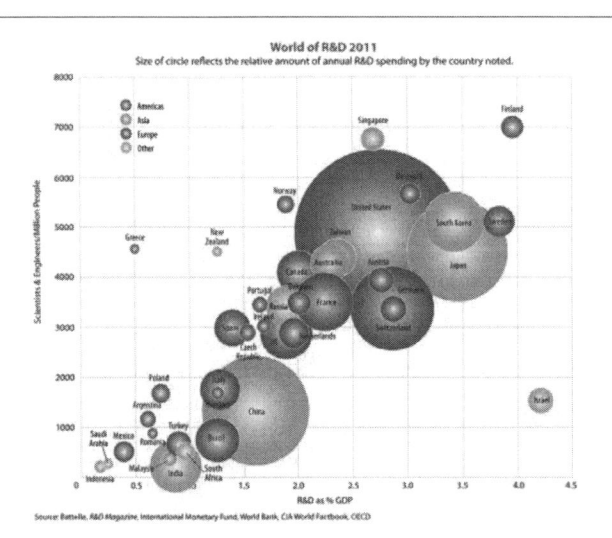

World of R&D 2011
Size of circle reflects the relative amount of annual R&D spending by the country noted.

Source: Battelle, R&D Magazine, International Monetary Fund, World Bank, CIA World Factbook, OECD

Die Schweiz belegt aktuell im weltweiten «Network Readiness Index» mit Rang 5 einen Spitzenplatz, was auf einen erfolgreichen Infrastrukturausbau im vergangenen Jahrzehnt zurückzuführen ist.

Es ist allerdings zur Kenntnis zu nehmen, dass die Schweiz in der weltweiten «Digital Economy Readiness» nur Rang 19 belegt. Dies zeigt auf, dass die Wirtschaft – und hier insbesondere die KMU Wirtschaft – die vorhandenen Möglichkeiten der Digitalisierung noch unzureichend nutzt.

Im bevorstehenden Jahrzehnt wird die Wirtschaft «Smart» werden. Es ist davon auszugehen, dass es in der Schweiz in den kommenden Jahren zu einem massiven Anstieg von Sensoren kommen wird, was eine Vielzahl von neuen «machine-to-machine»-Anwendungen ermöglichen wird. Um die KMU-Wirtschaft zukunftstauglich zu machen, ist konsequent in die «Digital Economy Readiness» zu investieren.

Die Wirtschaft wird «Smart»

Smart Cities	Smart Technology	Smart Infrastructure	Smart Energy
Smart Mobility	Smart Buildings	Smart Grids	Smart Clouds
Smart Materials	Smart Bandages	Smart Phones	Smart Meters

Source: Frost & Sullivan

Um die besten Talente weltweit anzuziehen, muss die Region fähig sein, neue Lebensformen zu antizipieren. Privat- und Arbeitsleben verschmelzen zunehmend, Lebensstil und Selbstverwirklichung zählen. Unsere Region muss noch mehr Pfiffigkeit und Spirit ausstrahlen, um attraktiv zu bleiben.

IV. Szenarien für die Zukunft

Die Zukunft lässt sich in unterschiedlichen Szenarien denken. Welches dieser Szenarien eintrifft, hängt ganz wesentlich von der Gestaltungskraft derer ab, welche die Rahmenbedingungen prägen können. Wir haben unser Schicksal also ein Stück weit selber in der Hand.

A. Es soll bleiben, wie es ist

Eine mögliche Handlungsoption bietet sich dem Kanton Basel-Landschaft darin, weiterhin auf Bestehendem aufzubauen und in diesem Sinn auf Kontinuität zu setzen.

Dabei werden schrittweise Veränderungen angestrebt und keine Denkansätze verfolgt, die das Bestehende infrage stellen. Es sind keine grossen Würfe zu erwarten, vielmehr bleibt der Kanton Basel-Landschaft ein verlässlicher und berechenbarer Partner für die Wirtschaft und die angrenzenden Gebietskörperschaften.

Die Rahmenbedingungen für die wertschöpfungsintensive Life-Science-Industrie können so in massvollen Schritten weiter optimiert werden. Die Ansiedlung von Start-ups in den Bereichen Biotechnologie, Medizinaltechnik usw. wird die Leitindustrie stützen und ist mit Blick auf den Megatrend «Gesundheit» zukunftsorientiert.

Schwergewicht im Dienstleistungsbereich soll die Forschung und Entwicklung bleiben. Die Zusammenarbeit mit der Universität beider Basel und der Fachhochschule Nordwestschweiz kann verstärkt werden, sowie auch die Berufsbildung und Weiterbildung zugunsten der KMU Wirtschaft weiter gefördert werden.

Der Kanton Basel-Landschaft strebt dabei entlang der strategischen Leitlinien «Wirtschaftspolitische Perspektiven 2022» die Schaffung eines eigenen Kompetenzzentrums für Wirtschaftsentwicklung und Standortmarketing an, dessen Aktivitäten eng mit denjenigen des Standortmarketings Basel-Stadt und Basel Area sowie der weiteren Wirtschaftsorganisationen in der Nordwestschweiz koordiniert werden. Auch andere Organisationen, die für die wirtschaftliche Prosperität des Kantons eine gewisse Relevanz haben, werden stärker kantonsübergreifend koordiniert, so z. B. die kantonalen Tourismusorganisationen.

Steuerliche Anreize und Bestandespflege für die lokale Wirtschaft werden dabei kantonal angegangen. Die Erschliessung von Entwicklungspotentialen, eine zukunftsgerichtete Immobilienstrategie, Leitlinien zur Wirtschaftsentwicklung und das Standortmarketing werden zwar kantonal geplant, aber dennoch regional abgestimmt. Für übergeordnete Themen wie die Innovationspolitik und den Forschungsstandort Schweiz stimmt sich der Kanton mit den nationalen Entscheidungsträgern ab.

B.   Die «Kaffeemaschinen-Vision»

Eine weitaus kompromisslosere Handlungsoption für den Kanton Basel-Landschaft besteht darin, eine übergreifende Vision für den Wirtschaftsplatz Region Basel zu entwickeln und damit einen entscheidenden Schritt in Richtung «integrierte Wirtschaftspolitik» zu tun.

Die Ausweisung von Entwicklungsgebieten in den verschiedenen Bereichen erfolgt dabei kantonsübergreifend: Wo hat es Platz? Wo sollen welche Branchen angesiedelt werden? Wo wird gewohnt, wo gearbeitet, wo eingekauft? Wo konzentriert sich die Forschung? Diese Fragen werden nicht mehr mit gutem Willen koordiniert, aber letztlich doch isoliert für den Kanton Basel-Landschaft entschieden, sondern im gemeinsamen Verbund im Sinn eines «Entwicklungspakts BL/BS».

Dieser Entwicklungspakt BL/BS enthält wirtschaftspolitische Zielsetzungen für den Gesamtraum, eine gemeinsame Innovationsstrategie und Leitplanken für eine gesamtregionale Innovationspolitik. Es wird ein gemeinsames Kompetenzzentrum für Wirtschaftsentwicklung und Standortmarketing geschaffen und eine gesamtregionale Immobilienstrategie festgelegt. Die Tourismus-Organisationen werden zusammengeführt und die Berufsbildungs- und Weiterbildungsmassnahmen werden kantonsübergreifend geplant und umgesetzt.

Es wird für die Region Basel eine gesamtregionale wirtschafts- und bildungspolitische Arbeitsteilung festgelegt – mit geographischer Konzentration ähnlicher Bildungsgebiete und Industrien, um eine natürliche Clusterbildung nach dem Prinzip «Gleiches zu Gleichem» zu ermöglichen.

Im Norden der Region Basel kommt dabei, verbunden mit dem Bio Valley am Oberrhein, der Life-Science-Cluster zu liegen mit Grossunternehmen, einem ETH-Institut, dem Universitätsspital und der medizinischen sowie der philosophisch-naturwissenschaftlichen Fakultät der Universität.

Im Zentrum konzentrieren sich die Finanz- und Versicherungsdienstleistungen sowie die wirtschaftswissenschaftliche Fakultät. Das Stadtzentrum bietet vor allem attraktiven Wohnraum am Wasser und eine aussergewöhnliche Vielfalt an Kultur und Kunst.

Im Westen entsteht der neue Universitätscampus beider Basel für 20 000 Studierende und 2000 Professoren, gebündelt mit den Sozial- und Wirtschaftsthemen der Fachhochschule Nordwestschweiz. Es siedelt sich darum eine vielfältige Kreativwirtschaft an, die jungen Wohnraum entstehen lässt.

Im Osten liegt der Fokus auf Themen wie IT, Technik und Logistik. Durch die Nähe von Bildung und Wirtschaft entsteht ein «Silicon Valley»-Spirit, der Talente aus der ganzen Welt anzieht, welche die zahlreichen nahegelegenen Outdoor-Aktivitäten schätzen.

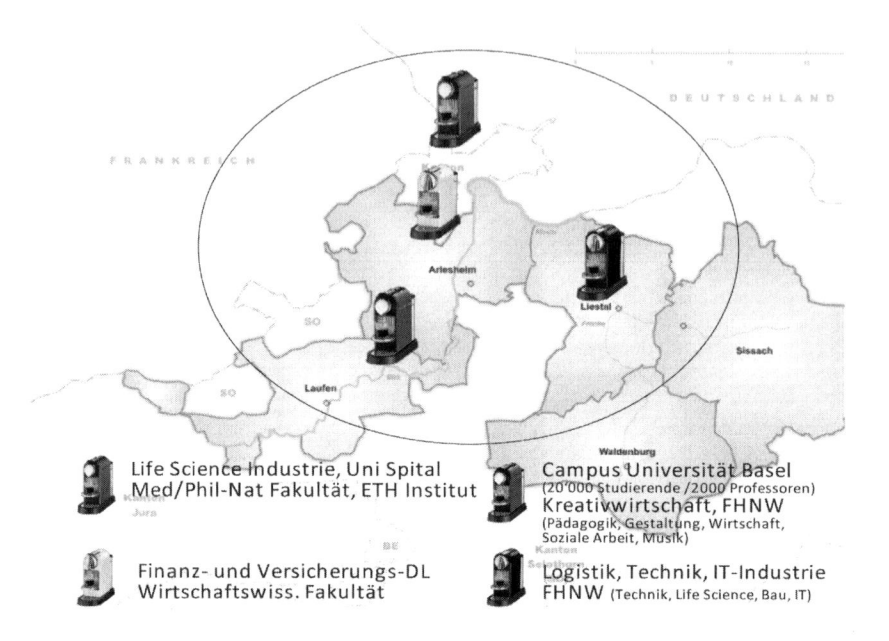

Life Science-Industrie, Uni Spital
Med/Phil-Nat Fakultät, ETH Institut

Finanz- und Versicherungs-DL
Wirtschaftswiss. Fakultät

Campus Universität Basel
(20'000 Studierende /2000 Professoren)
Kreativwirtschaft, FHNW
(Pädagogik, Gestaltung, Wirtschaft,
Soziale Arbeit, Musik)

Logistik, Technik, IT-Industrie
FHNW (Technik, Life Science, Bau, IT)

Um die Zukunft kraftvoll gestalten zu können, braucht es eine Vision. Nennen wir sie die «Kaffeemaschinen-Vision». Dabei gilt es, eine gewisse Radikalität an den Tag zu legen und den Mut zu haben, neu zu denken.

Bringen wir zusammen, was zusammen gehört, damit zwischen Wissen und Arbeiten natürliche, sich selbst bildende Netzwerke entstehen, die einen innovationsfördernden Austausch ermöglichen.

Schaffen wir Begegnungsräume, denken wir in Campus-Einheiten, fördern wir Wissenstransfer in geeigneten «Business Ecosystems» und garantieren wir Lebensqualität durch attraktives Wohnen sowie aussergewöhnliche Möglichkeiten für Sport und Freizeit.

Für einen so gestalteten Lebens-, Wohn-, Bildungs-, Arbeits- und Kulturraum lassen sich weltweit die beste Standortpromotion betreiben und die besten Talente anziehen, um die Region Basel erfolgreich in die Zukunft zu führen.

Szenarien aus Sicht von Raumentwicklung und Verkehr

Raum und Gesellschaft – welche räumliche Ordnung ist Voraussetzung für eine zukunftsfähige Entwicklung? Welche Kräfte werden unseren Lebensraum massgebend prägen?

Dr. phil. Patrick Leypoldt, Leiter Geschäftsstelle Agglomerationsprogramm Basel

Inhalt Seite

I. **Eingrenzung des Themas** 69

II. **Aktuelle und künftige Herausforderungen** 70

III. **Megatrends** 71

IV. **Mögliche Szenarien** 74

    A. Individualität 74

    B. Ressourcenknappheit 75

    C. Fazit 76

V. **Thesen** 76

I. Eingrenzung des Themas

Geht man von einer sich international und damit auch national weiter vernetzenden Gesellschaft aus, wird die Zukunft wesentlich komplexer werden. Für diese Annahme spricht beispielsweise, dass sich aus heutiger Sicht weder die langfristig prognostizierten Weltbevölkerungsentwicklungen, noch die bisher gültigen weltwirtschaftlichen Verknüpfungen grundlegend ändern werden. Heute werden Güter und Dienstleistungen für die Welt produziert, und je höher der Produktwert ist, desto internationaler ist deren Kundschaft. Setzt sich diese Entwicklung fort, wird zwangsläufig auch die Globalisierung zunehmen – und mit ihr die Verflechtung von Produktion und Konsum. Im Ergebnis werden die internationale Arbeitsteilung – verbunden mit Produktionsverlagerungen und der Migration von internationalen Arbeitskräften sowie zunehmend globalisierten Beschaffungs- und Absatzverflechtungen –, aber auch die nationalen und internationalen politischen Verknüpfungen die Rahmenbedingungen in den Agglomerationen verstärkt beeinflussen. Für die Agglomeration Basel, als einer der grossen Metropolräume der Schweiz mit entsprechender Wirtschaftskraft und politischem Gewicht, werden die Auswirkungen dieser Entwicklung spürbar sein. Die Geschehnisse werden in Zukunft weniger berechenbar und damit auch wesentlich schwieriger steuerbar sein als in der Vergangenheit.

Gerade im Hinblick auf die Lebensdauer verkehrlicher Infrastrukturen von 20–30 Jahren (Strassen) oder 70–100 Jahren (Kunstbauten wieBrücken und Tunnels) stellt sich die Frage, über welche Planungs- und Steuerungsinstrumente die Agglomeration Basel heute verfügt, um den zukünftigen Herausforderungen gerecht zu werden. Reichen die vorhandenen Instrumente aus? Mit den Richtplänen (Planungshorizont 15 Jahre), kantonalen Visionen (ca. 10 Jahre), der Finanzplanung (ca. 10 Jahre) sowie Regierungsprogrammen (4 Jahre) stehen den Kantonen der Agglomeration Basel Instrumente zur Verfügung, mit denen sie in der Lage sind, im Bereich der Siedlungs- und Verkehrsplanung Entwicklungen mit einem Zeithorizont von 10–20 Jahren zu steuern. Einzig das trinationale Agglomerationsprogramm Basel reicht weiter über diesen Horizont hinaus.

II. Aktuelle und künftige Herausforderungen

Die Planungszeiträume im Bereich der Raumordnung sowie in Bezug auf Verkehrsinfrastrukturen gehen heute in der Regel über mehrere Jahre, bei grossen Vorhaben können sich die Planungen gar über mehrere Dekaden erstrecken. Für einen «unbefangenen» Blick in die Zukunft scheinen die 18 Jahre von heute bis ins Jahr 2030 etwas zu kurz gefasst. Nahezu alle Planungen von grösseren Vorhaben der Agglomeration befinden sich in diesem Zeitraum. Dies betrifft die Planungen zur Regio-S-Bahn inklusive der Tunnelverbindung zwischen den beiden Basler Bahnhöfen zur die sog. «Durchbindung» der Linien (Herzstück) ebenso wie den Anschluss des Euroairports an das Schienennetz, aber auch die Tramverbindungen nach Salina Raurica oder zum Dreispitzareal. Wenn man sich beim Blick in die Zukunft von den konkreten Planungen in der Raum- und Verkehrsplanung lösen will, liegt der Horizont 2030 deshalb zu nah. Hinzu kommt, dass die Thematik der Energieversorgung wohl erst ab dem Jahr 2030 ihre volle Tragweite entfaltet – mit weitreichenden Folgen für die Siedlungsplanung sowie für die Mobilität.

Ein «freier» Blick in die Zukunft in der Raumentwicklung und beim Verkehr bedeutet daher, dass der Betrachtungszeitpunkt jenseits von 2030, also bei 2050 liegen muss. Es versteht sich dabei von selbst: Je weiter der gewählte Betrachtungshorizont in der Zukunft liegt, umso unsicherer sind die Aussagen. Langfristprognosen mit Vorhersagezeiträumen von über 30 Jahren sind in jedem Fall in hohem Masse spekulativ. Sie können deshalb nichts weiter sein als ein systematisches Durchrechnen bzw. Durchdenken von getroffenen Annahmen in Bezug auf die heute bekannten oder absehbaren wesentlichen Stellschrauben, die im gewählten Betrachtungshorizont nach Einschätzung des Prognostikers Einfluss haben werden.

Um einen Eindruck dieser Zeitspanne zu bekommen, muss man sich nur vor Auge führen, dass das Jahr 2050 aus heutiger Sicht wie das Jahr 2012 aus der Sicht von 1974 ist. Die Hippies, der Vietnamkrieg und die Anti-Atom-Bewegung waren bestimmende Themen des Alltags. Es war die Zeit der Entstehungsphase der grünen Parteien. Der dringliche Bundesbeschluss zur Raumplanung war gerade einmal zwei Jahre alt, das erste Raumplanungsgesetzt kam erst fünf Jahre später. Das Frauenstimmrecht war drei Jahre alt und der Kanton Jura gehört noch nicht zum Bestand der Schweizerischen Eidgenossenschaft. Es war die Zeit der Anfänge der PC-Revolution. Die Radiostationen spielten Bob Marley, Sex Pistols, Led Zeppelin, und David Bowie. Im Kino waren gerade Star Wars und Apocalypse Now die Kassenschlager. PCs, iPhones, iPods, iPads, digitale Ton- und Bildtechniken und das Internet kamen erst Jahre, wenn nicht Jahrzehnte später auf den Markt. Das Faxgerät war zwar bereits erfunden, war aber noch nicht auf dem Markt erhältlich (wer redet heute noch von Faxgeräten?). Themen wie Globalisierung, Energieknappheit, Energieeffizienz oder Klimaerwärmung waren Fremdwörter.

Die Beispiele zeigen plakativ auf, dass die menschliche Vorstellungskraft grundsätzlich begrenzt ist. In erster Linie ist der Mensch nur dazu in der Lage, Erfahrungswissen aus der Vergangenheit auf die Zukunft zu übertragen. Dabei gilt: Je länger der Prognosehorizont, desto restriktiver die Begrenzungen. Generell ist daher ein vorsichtiger Umgang mit Vorhersagen oder Prognoseergebnissen angeraten. Die Resultate sollten in jedem Fall kritisch betrachtet und hinterfragt werden. Der wirkliche Nutzen von Vorhersagen besteht vielmehr in den daraus ablesbaren Tendenzen sowie den darin beschriebenen Wenn-dann-Beziehungen.

III. Megatrends

Ein Blick 38 Jahre in die Zukunft ist selbstverständlich spekulativ. Trotzdem sind bereits heute einige Entwicklungen mehr oder weniger gesichert vorherzusehen. Laut den aktuellen Bevölkerungsprognosen der Vereinten Nationen (UN) werden im Jahr 2050 weltweit über 9 Mrd. Menschen unseren Planeten bevölkern. Haupttreiber dieser Entwicklung werden China, Indien, Indonesien und Brasilien sein. Das geopolitische Schwergewicht wird sich aufgrund der Bevölkerungs- und Wirtschaftsdynamik wohl verlagern (mehrere Pole). Mit dem immensen Bevölkerungswachstum wird weltweit der Druck auf Ressourcen (Wasser, Energie, Nahrung) massiv zunehmen. Erdöl, Erdgas und andere nicht erneuerbare Energien werden zwangsläufig immer knapper. Es ist daher davon auszugehen, dass sich Mobilität grundsätzlich verteuern wird. Mit der zunehmenden Überalterung in den Industrieländern wird das Erwerbstätigenpotenzial rückläufig sein. Länder wie die Schweiz sind daher in grossem Umfang auf Innovationen und technischen Fortschritt angewiesen. Die Schweiz wird mehr noch als heute nur noch Luxusgüter wie Pharma- und Chemieprodukte (Life Science), Uhren, Finanzdienstleistungen, Waffen und Schokolade auf den internationalen Märkten absetzen können. Wichtigste Voraus-

73

setzung dafür sind gut ausgebildete Fachkräfte mit entsprechender Bildung sowie eine erstklassige Verkehrsinfrastruktur.

IV. Mögliche Szenarien

Grundsätzlich sind für die ferne Zukunft sehr unterschiedliche Entwicklungen denkbar. Wie weit dieser Fächer von möglichen Entwicklungen auseinanderliegen kann, sollen in der Folge zwei mögliche Bilder aufzeigen. Gravierender Unterschied der beiden Bilder ist vor allem die den Entwicklungen jeweils zugrunde liegende Prämisse, konkret die unterschiedliche Verfügbarkeit von Energie. Die Bilder wurden ursprünglich im Rahmen eines Projektes des Tiefbauamts der Stadt Zürich entwickelt und sind ohne Probleme auf den Raum Basel übertragbar.

A. Individualität

Grundprämisse des Bildes «Individualität» ist die künftig grundsätzlich ausreichend zur Verfügung stehenden Alternativen zu den heutigen Energiequellen. Die Einkommen sind weiterhin hoch und Hedonismus (Spassgesellschaft) sowie Egoismus (Individualität) haben gegenüber heute nochmals an Bedeutung gewonnen. Die Gesellschaft polarisiert sich, Menschen grenzen sich ab – reich gegen arm, fit gegen fett, Bio steht M-Budget oder Prix Garantie gegenüber. Aufgrund der billigen Energie wird Mobilität grenzenlos sein, auch dank subventionierter Mobilität (z. B. durch Marketing). Freizeitaktivitäten umfassen einen weltweiten Radius. Gelebt wird vor allem mobil, frei nach dem Motto «Unterwegs zuhause». Im Gegensatz zu früher, als noch einzelne Wege zurückgelegt wurden, wie beispielsweise von Zuhause zum Bäcker und wieder zurück, werden heute immer mehr Wege zu Wegeketten zusammengefasst. Dem Weg zum Bäcker wird direkt ein zweiter Weg zum Friseur angehängt, von wo es dann direkt zum Office geht. Die Wege werden in hohen Geschwindigkeiten auf telematisch gesteuerten Autobahnen oder in Hochgeschwindigkeitszügen zurückgelegt. Selbstverständlich können dank der hohen Geschwindigkeiten auch lange Reisezeiten ohne Mühen zurückgelegt werden. Die Tageszeitbudgets für Mobilität werden extrem hoch sein. Reisezeiten werden daher wenn immer möglich für Sekundärzwecke genutzt. Aufgrund der guten Verkehrsangebote dehnt sich die Agglomeration weiter aus (günstige Baulandreserven). Verkehrlich limitierender Faktor werden die Knoten sein, sie werden zu massiven Engpässen, die entweder durch Verlagerung der Verkehrswege in die Luft oder unter den Boden gelöst werden können. Der starke Ausbau des Verkehrsangebotes bringt massive Investitionskosten mit sich. Um der Nachfrage an Mobilität gerecht zu werden, müssen alle Verkehrsträger gleichzeitig ausgebaut werden. Der Modal Split, also das anteilsmässige Verhältnis zwischen den Verkehrsmitteln, bleibt tendenziell gleich. Zusammenfassend kann man sagen, dass es in diesem Szenario in etwa so weiter geht wie heute, nur noch viel schneller, höher und weiter.

B. Ressourcenknappheit

Diesem Bild liegt zugrunde, dass keine alternativen Energiequellen gefunden werden konnten. Der Preis pro Fass Erdöl erklimmt daher seit Jahren immer neue Höhen. Das Fördermaximum wurde schon seit Langem überschritten. Die bevölkerungsmässig schnell wachsenden Schwellenländer sind in dieser Entwicklung die Haupttreiber. Das rasch abnehmende Angebot kann die rasch steigende Nachfrage nicht mehr befriedigen. Im Zuge der Verteuerung der Mobilität konzentriert sich das Siedlungswachstum auf den Kern und die Hauptachsen entlang der S-Bahn-Linien. Wohnen und Arbeiten rücken zusammen. Man lebt die Agglomeration der kurzen Wege. Wohnraum im Kern und in den Korridoren wird zunehmend teurer. Es wird verdichtet und damit auch in die Höhe gebaut. In diesem Zusammenhang wird der Gebäudepark umfassend erneuert oder ersetzt. Energetisch nicht effiziente Gebäude werden stillgelegt oder ersetzt. Es herrscht allgemein eine hohe Bautätigkeit. Die Versorgung der Agglomerationsbevölkerung ist regional ausgerichtet (Baselbiet, Elsass und Schwarzwald und wo zudem Gemeinschaftsgärten in der Tradition des Community Gardens betrieben werden). Die Freizeitgestaltung hat ebenfalls lokalen Charakter. Beliebte «Reiseziele» sind das Bruderholz, der Gempen, der Schwarzwald, der Dinkelberg etc.. Wochenend-Shoppingtrips nach New York, Dubai oder Moskau finden nicht mehr statt. Verkehrsangebote sind selektiv. Die effiziente Kombination der Verkehrsmittel ist eine Selbstverständlichkeit. Die effizienten Verkehrsmittel wie S-Bahn, Tram, Velo und zu Fuss überwiegen. Die Mobilitätsnachfrage ist lokal und konzentriert sich daher auf die Kerngebiete und die Korridore. In der Peripherie wird das Angebot sukzessive zurückgebaut. Zentralisierte Firmen- oder Bildungsstandorte werden wieder bipolar ausgerichtet. Pendlerströme gleichen sich als direkt Folge davon aus. Die tägliche Mobilität wird von Einzelwegen mit niedriger Geschwindigkeit und kurzen Distanzen gekennzeichnet. Der Modal Split erfährt eine gravierende Veränderung in Richtung des öffentlichen Verkehrs sowie des Fuss- und Veloverkehrs. In diesem Bild ist nichts mehr, wie es einmal war.

Neben diesen beiden skizzierten Bildern ist noch eine Vielzahl von weiteren Entwicklungen denkbar. Themen wie verschärfte Sicherheitsprobleme, verändertes Prestige- und Statusdenken, verstärkte Kontrolle und Überwachung, zunehmendes Desinteresse der Menschen an Politik und politischen Mitwirkungsrechten, Globalisierung, Arbeitsteilung und funktionale Spezialisierung (Teleworking) mit der Folge eines enormen Wohnflächenbedarf, aber einem abnehmenden Bedarf nach Büro- und Einkaufsflächen, «ambient assisted living» und «smart homes» für ältere Personen, virtuelle Alternativen für alle Lebensbereiche, Bewirtschaftung von Mobilität (Steuerung, Pricing etc.), automatisierte Individualfahrzeuge (keine Unfälle) sind denkbare Alternativen oder Ergänzungen.

C. Fazit

Die zuvor skizzierten Bilder zeigen deutlich auf, dass zahlreiche «Zukunftsbilder» denkbar sind. Im Gegensatz zu anderen Bereichen wie dem Finanzsektor (z. B. Steuern) oder der Gesetzgebung, die auf den zeitlichen Horizont gesehen relativ schnell den zuvor geschilderten Bildern angepasst werden könnten, ist dies im Bereich der Siedlung- und Verkehrsplanung weitaus schwieriger. Egal welche Zukunft auch eintreten mag, welches Bild sich erfüllen wird, die Siedlungsgebiete, Wohnungen, Büros und die dazugehörigen verkehrlichen Infrastrukturen wie S-Bahnen, Tramlinien, Autobahnen oder Velowege werden heute bereits geplant oder sind bereits in Bau. Infrastrukturen für nachhaltige Verkehrsmittel sind vor diesem Hintergrund ein Investment mit geringerem Risiko. Die Agglomeration Basel ist künftig auch gut beraten, wenn sie die Herausforderungen gemeinsam angeht und über die Landes- und Kantonsgrenzen hinweg die Raum- und Verkehrsplanung weiterentwickelt.

V. Thesen

1. Der **Druck auf strategische Ressourcen wie Wasser, Energie und Nahrung** wird in den kommenden Jahren weltweit massiv zunehmen. Nicht erneuerbare Ressourcen wie Erdöl, Erdgas und Kohle sowie Uran werden insbesondere auch wegen dem rasant wachsenden Energie- und **Rohstoffbedarf der Schwellenländer** wie China und Indien rasch knapper. Als direkte Folge davon wird **Energie nie mehr so billig sein wie heute** und damit einhergehend verteuert sich die Mobilität.
2. Die **Agglomeration Basel** muss sich nicht nur **international behaupten** (Energieversorgung, Standortwettbewerb usw.), sondern steht auch zunehmend in **Konkurrenz zu anderen Grossagglomerationen** in der Schweiz. Da sich von der **kantonalen Politik** alleine die wesentlichen **Stellschrauben kaum beeinflussen** lassen, wird die Agglomeration Basel gezwungen sein, die künftigen Herausforderungen wie beispielsweise die Raum- und Verkehrsplanung (Politik) **gemeinsam** anzugehen.
3. Die Konzentration der Bevölkerung in den Metropolregionen führt auch in der Agglomeration Basel zu einem langfristigen **Bevölkerungszuwachs**. Kombiniert mit weiterhin ausgeprägten **Mobilitätsbedürfnissen** führt dies bei gleichen **Platzressourcen** zu extremer **Raumknappheit**.
4. Die **Siedlungsentwicklung** wird sich dort konzentrieren, wo **energieeffiziente Verkehrsangebote** zur Verfügung stehen, namentlich im **Kern und in den Korridore** der Agglomeration. Energieeffiziente Verkehrsmittel erfahren eine enorm Nachfrage (ÖV, Fuss- und Veloverkehr sowie energieeffiziente motorisierte Fahrzeuge).

WOHNEN · ARBEITEN
FÖRDERN

BL + BS

Arlesheim

−20% Bevölkerung   Altersheim

Arbeitsgruppen

In vier thematischen Arbeitsgruppen wurden die von den Referent/innen vorgestellten Szenarien und Thesen vertieft, die für die zukünftige Entwicklung des Kantons zentralen Herausforderungen beurteilt und die Chancen und Risiken sowie die Stärken und Schwächen im jeweiligen Bereich thematisiert.

Die folgenden Arbeitsgruppen setzten sich unter Anwesenheit der jeweiligen Referent/innen aus je ca. 20 Personen zusammen:

- *Szenarien aus Sicht des Staatsrechts (mit Prof. Dr. iur. Denise Buser)*
- *Szenarien zum sozialen Wandel (mit Prof. Dr. phil. Ueli Mäder)*
- *Szenarien aus Sicht der Wirtschaft (mit Dr. phil. Kathrin Amacker)*
- *Szenarien aus Sicht von Raumplanung und Verkehr (mit Dr. phil. Patrick Leypoldt)*

Die Diskussionen in den Sitzungen der Arbeitsgruppen erfolgten insbesondere unter Berücksichtigung der folgenden konkreten Fragestellungen:

1. Bezüge schaffen; Welche Reibungsflächen, welche Widersprüche und welche Gemeinsamkeiten ergeben sich zwischen den Referaten?
2. Schwerpunkte setzen: Welches sind die grössten Herausforderungen (= Chancen und Risiken) der Entwicklung bis 2030 im Thema ihrer Arbeitsgruppe (ArG) für BL?
3. Zusammenfassen: gemeinsame Inputs an Rapporteur (3 – max. 4 wichtigste Punkte).

Arbeitsgruppe «Szenarien aus Sicht des Staatsrechts» (Referentin Prof. Dr. iur. Denise Buser)

Moderator: Beat Rudin
Rapporteur: Gerhard Schafroth
Protokoll: Roland Plattner/Beat Rudin

Protokoll zum Sitzungsablauf
- Einführung Moderator
- Ausgangslage der Diskussion
- Unterthemen
  - Demos
  - Institutionen, Instrumente
  - Strukturen

Ausgangslage und Eintretensvoten

Zunächst Klärung der Frage, ob die Bezüge zu den anderen Themen für das Thema der ArG von Relevanz sei oder nicht. Dazu unterschiedliche und nicht abschliessend bewertete Positionsbezüge.

Thema Mitbestimmung ist entscheidend. Parlament hat in BL mehr zu sagen als in diversen anderen Kantonen. Der Einbezug der Volksmeinung ist von grosser Wichtigkeit.

Das Schaffen von Strukturen und physischen Freiräumen wird speziell seitens Jugend als bedeutend bezeichnet.

Hinweis auf Wichtigkeit einer nachhaltigen Finanzstruktur, ohne die sich keine Visionen entwickeln lassen bzw. eine Entwicklungsblockade entsteht.

In einer Stärkung der Gemeinden liegt im Rahmen der «Globalisierung» Potenzial.

Die Reihenfolge muss lauten: Inhalte besprechen, Strukturen schaffen. CH von gestern sowie heute und morgen unterscheidet sich. Metropolitanregionen sind das Thema und damit die Frage: In welchen (politischen) Strukturen lassen sich die Probleme lösen?

Welche Bedeutung haben die Grenzen? Sollen/Können sie abgeschafft werden? Die digitale Welt ist auch grenzüberschreitend.

Ziel ist Lebensqualität. Welche Strukturen sollen geändert werden, um diesbezüglich entscheid- und handlungsfähig zu sein?

Ist der heutige verfassungsmässige Aufgabenkatalog richtig/zukunftstauglich?

Apropos Vollzugsföderalismus: Der Bund legiferiert heute über sehr viel / zu viel (z. B. Kinderkrippen)?

Stimmt der verfassungsmässige Aufgabenkatalog noch? Es geht darum, das Richtige zu tun und dies richtig zu tun.

ad A) Demos

Gemeinschaft: Ein Manko wird in einem fehlenden Gemeinschaftsgefühl ausgemacht. Auch die Nichtarrivierten und Randgruppen sind zu integrieren und von den demokratischen Mitwirkungsrechten zu erfassen.

Zu bedenken: Punkto Volksrechte ist CH weltweit an der Spitze. Die Frage die sich stellt: Wie können wir das Volk mobilisieren? Und welche Umsetzungsstrukturen benötigen wir?

Stehen wir mit der «Gerontokratie» an der Grenze der Demokratie?

Der Altersentwicklung muss man gerecht werden. Wichtig ist ein stärkerer Einbezug der jungen Generation. Stimmrechtsalter Null: Eltern üben das Stimmrecht über ihre unmündigen Kinder treuhänderisch aus.

Möglichkeit: Einem Jugendrat können z. B. konkrete Kompetenzen und nicht nur Mitwirkungs- und Vorschlagsrechte übertragen werden.

Eine Verjüngung des Stimmrechtsalters ist zu prüfen. Allerdings ist die Mitwirkung für viele zu kompliziert oder es fehlt der Glaube in die Wirksamkeit (Korruptionsvorwurf). Im Schulunterricht sollte früher / umfassender auf die politischen Rechte eingegangen werden.

Das Schaffen von immer mehr Gremien ist eine fragwürdige Entwicklung, es besteht die Verzettelungsgefahr und eine Koordinationsproblematik.

Betroffenheit ist entscheidend für eine Partizipation. Mitwirkung und Teilhabe ist dort zu stärken, wo es sie wirklich braucht.

Es ist zu prüfen, ob es auch Defizite bei den Volksrechten gibt. Z. B. betreffend einer Abstimmung über staatsgestaltende Visionen anstatt aus formalen Gründen über letztlich unbestrittene Verfassungsänderungen.

Einer Entmündigung des Volks, z. B. bei Staatsverträgen und Zweckverbänden, ist entgegenzuwirken.

ad B) Institutionen, Instrumente

Dieses Thema ist wichtig, aber aus Zeitgründen bei anderer Gelegenheit zu vertiefen.

ad C) Strukturen

Das Subsidiaritätsprinzip und das Prinzip der fiskalischen Äquivalenz sind entscheidend wichtig. Ohne einen kantonalen Finanzausgleich geht es nicht, die Disparität der Gemeinden ist zu gross. Durch die Zusammenarbeit in Zweckverbänden und durch Fusionen besteht eine grosse Bereitschaft der Gemeinden, Grenzen zu überwinden (z. B. Kindes- und Jugendschutzbehörden KESB). Diese Entwicklung zu fördern macht Sinn. Fusionen könnten sich damit als überflüssig erweisen oder organisch ergeben. Ggf. sind Formen zu entwickeln, die es erleichtern, die Entwicklung zu Talschaftsgemeinden zu fördern.

Gewisse Fragen lassen sich auch auf Quartiersebene regeln. Auch mit der Rechtsform der Genossenschaft lassen sich Demokratiedefizite lösen.

Strukturen bedürfen allerdings Funktionären, was in Bezug auf die Rekrutierungsbasis problematisch sein kann.

Die Bezirksstruktur ist bereits heute nicht mehr notwendig und eigentlich überlebt. Es handelt sich dabei um eine dezentrale Verwaltungsstruktur des Kantons.

Zu beachten bleibt: Gemeinden sind Träger der Identität. Eine überschaubare Grösse der Gemeinwesen ist wichtig.

Gemeinden (in geeigneter Grösse) sind durch Aufgaben und Mittel aufzuwerten.

Territoriale Strukturen über den Kanton hinaus: Es ist keine Frage, es muss sich etwas tun. Die Frage der Wiedervereinigung muss aufs Tapet. Jede Generation soll einmal entscheiden können, ob sie die Halbkantonsstruktur noch angemessen findet.

Die Trennung in zwei Halbkantone muss überwunden werden. Die anstehenden Probleme lassen sich so nicht mehr lösen. Zwei Halbkantone sind ineffizient.

Gegenmeinung: Der Aufwand (politisch, administrativ, emotional) für einen solchen Kraftakt lohnt sich nicht; die Energie soll besser dafür verwendet werden, dass man nicht mehr merkt, dass zwischen den beiden Basel eine Grenze liegt.

Basel-Stadt soll doch einfach dem Kanton Basel-Landschaft beitreten. Allerdings passt die Rolle, die heute noch den Gemeinden zukommt, nicht für eine Gemeinde von der Grösse der Stadt Basel.

Sinnvoll wäre eigentlich ein Kanton Nordwestschweiz. Umfasst der neben den Halbkantonen Basel-Landschaft und Basel-Stadt nur das aargauische Fricktal und das solothurnische Schwarzbubenland – oder besteht er aus den Kantonen BL,

BS, JU und SO (Grossregion des Bundesamtes für Statistik)? Wenn funktionale Zusammenhänge abgebildet werden sollen, dann gehörten auch Teile von Baden-Württemberg und vom Elsass dazu. Eine territoriale Veränderung über eine Wiedervereinigung hinaus scheint allerdings in sehr ferner Zukunft zu liegen (vielleicht wenn eine bundesweite Föderalismusreform gestartet wird).

Mehrheitlich: Die Frage der Wiedervereinigung muss aktiv angegangen werden. Das Resultat scheint aber offen.

Fazit aus der Diskussion / Input via Rapporteur an Plenum:

1. Weiterentwicklung der Mitwirkungsrechte: Es soll geprüft werden, ob die Mitwirkungsrechte noch «stimmen» oder ob sie angepasst werden müssen (Stimmrechtsalter [ab 16, ab 0, bis zu einem bestimmten Alter vertreten durch die Eltern], Ausländerstimmrecht [primär kommunal, evtl. kantonal, aktiv und/oder passiv], Verteilung der Entscheidungsrechte zwischen Parlament und Exekutive [z. B. bei Staatsverträgen]).

2. Einbindung des Zukunftsbezugs in Institutionen: Zukunftsrat, Jugendrat?.

3. Strukturen: Gemeinden sollen grösser werden und im Sinne des Subsidiaritätsprinzips durch Aufgaben und Mittel gestärkt werden; die Frage der Wiedervereinigung stellt sich auf jeden Fall.

Bemerkung in der Schlussdiskussion:

Vor zwanzig Jahren schien die Basler Verwaltung und Politik verkrustet, mit sich selbst beschäftigt. Im Baselbiet erlebte ich eine Aufbruchstimmung.

Zurzeit scheint es mir umgekehrt. Die Baselbieter Politik scheint mir paralysiert, mit sich selbst beschäftigt, gegenüber Neuem eher verschlossen.

Vielleicht hat dies aber auch mit der Finanzlage zu tun: Damals steckte Basel-Stadt in einer Finanzkrise, heute das Baselbiet. Wenn der Fokus nur aufs Sparen geht, ist es schwer, Zukunftsperspektiven zu entwickeln.

Heute, hier im Ebenrain, habe ich einen Zukunftsglauben gespürt. Diesen Schwung gilt es, mitzunehmen.

Arbeitsgruppe «Szenarien zum sozialen Wandel» (Referent Prof. Dr. phil. Ueli Mäder)

Moderatorin: Denise Rois
Rapporteurin: Sabrina Mohn
Protokoll: Lukas Ott

Protokoll zum Sitzungsablauf

1. Welche Reibungsflächen, welche Widersprüche und welche Gemeinsamkeiten ergeben sich zwischen den Referaten?

Visionäres Denken ist generell schwieriger zu entwickeln, als rückwärts zu blicken.

Eine Vision eines Kantons – ist dies dasselbe wie ein Brainstorming einer Firma?

Eine Wertediskussion im Sinne von Zielen fehlt heute weitgehend.

Es braucht in allen Bereichen eine Offenheit bezüglich der Möglichkeit, wie über Zukunft nachgedacht werden kann und was in Zukunft realisiert werden soll.

Notwendig ist auf jeden Fall ein aktives Gestalten, nicht nur ein passives Aufspringen.

Es sind konkrete, verantwortungsvolle Schritte erforderlich, anstatt sich im Kaffeesatzlesen zu verlieren.

Regionales Denken muss globales Denken beinhalten – und umgekehrt.

Feststellbar ist eine Diskrepanz zwischen dem Bezugs- und dem Handlungsrahmen: Der Bezugsrahmen ist immer grösser, der Handlungsrahmen soll aber nicht nur den höheren Bezugsrahmen reproduzieren («Reizreaktion», ohne intrinsische Motivationen), sondern soll aktiv entwickelt werden, auch kontrapunktisch.

Hätte eine Diskussion über die Zukunft der Schweiz nicht gleich gelautet? Ist Baselland der falsche Rahmen, um über «Zukunft» nachzudenken?

Die Schweiz von morgen besteht aus den Kantonen. Die Kantone nehmen an Bedeutung zu, wenn sie sich aktiv einbringen können. Dies widerspricht der Stärkung der Bundeskompetenzen. Die Kantone verfügen über gute Chancen. Baselland als approximativer Raum bleibt von Bedeutung. Aber: Es sind nicht Top-Down-Prozesse, sondern partizipative Ansätze zu entwickeln.

Ein Zusammengehen in der Region bis hin zu einer Fusion ist unabdingbar.

Bezüglich Ressourcen besteht ein grosser «Pessimismus». Ist die Entwicklung von Visionen dadurch von vornherein limitiert?

«Globalisierung» – bedeutet dies nicht von vornherein ein defensives Szenario für die Schwächeren? Dies führt nicht zu grossartigen Visionen bzw. zu Spielraum dazu. Diesem Trend entziehen kann man sich durch Partizipation bzw. durch Verfahren.

Das Partizipative allein genügt nicht – es kann auch gefährlich sein, wenn nur «Massen» mobilisiert werden.

Unsere Vision – in einem positiven Sinn – muss eine Welt sein ohne soziale Ungerechtigkeit, ohne Hunger etc. Eine der aufgezeigten Entwicklungen basiert jedoch auf den Tendenzen eines Mangels an Ressourcen sowie von zunehmender Ungerechtigkeit, von Verteilkämpfen und von Konflikten. Wo liegt der Weg des Kantons in Anbetracht dieser Realität?

Kann bzw. soll der Pragmatismus eine Vision sein – ist es nicht vielmehr eine Charaktereigenschaft bzw. eine Mentalität im kollektiven Rahmen? Der Pragmatismus soll fortgeführt werden, Identität soll bewahrt werden.

«Vision» mit Pragmatismus zu ersetzen, ist sehr pragmatisch ...

Statt eine Vision Baselland braucht es ein Szenario Baselland, wobei hinter dem Szenario auch eine Vision stehen kann. Das Szenario ist wie ein Entwurf, wobei die Realität nie so herauskommen wird. So viel Wissen wie heute war noch nie vorhanden und soll genutzt werden zur Bildung von Szenarios. Der Spielraum dazu muss immer wieder ausgelotet werden.

2. Wo liegen die grössten Herausforderungen im Bereich des sozialen Wandels? Wo liegen die Chancen und Risiken?

Der Umgang der Generationen miteinander ist im Sinne eines generationenübergreifenden Verständnisses erforderlich.

Ohne ausreichende Ressourcen für die Bildung ist die Herausbildung und Stärkung verantwortungsvoller folgender Generationen nicht möglich. Das gegenwärtige Sparprogramm des Kantons ist in diesem Sinne die völlige Abwesenheit von Visionen.

Im Gegenzug müssen ältere Menschen besser integriert statt separiert werden («Leitbild Alter» in den 1990er-Jahren war völlig folgenlos ...). Baselland hat demografisch schwierige Jahre vor sich. Sozialzeitenmodelle sind als zukunftsgerichtet weiterzuentwickeln. Sie lassen ältere Menschen das Leben durch freiwillige Arbeit anders sehen, da sie zu einer Horizonterweiterung führen.

Die Kehrseite davon: Länger aktive «Senioren» versperren den Jungen auch Wege ... Z. B. wenn Wohnraum nicht freigegeben wird.

Die Frage ist gestellt: Will der Kanton Familien über Generationen zusammenhalten an ihrem Wohnort bzw. in ihrem Haus? Oder soll auch Zuziehenden eine Möglichkeit eröffnet werden? Wohnraum soll primär bewohnt und nicht gehortet werden. Das anzustrebende Ziel ist eine multigenerationelle und multikulturelle Gesellschaft.

Auch eine Tatsache: Noch nie sind Menschen so einsam gestorben wie heute in unserer hochzivilisierter Welt.

Die Atomisierung der Gesellschaft im Sinne eines Rückzugs aus Ämtern, mit eigenen, separierten Beziehungsnetzen stellt das Gemeinschaftsleben infrage. Die Affinitäten auf der Gemeindeebene brechen weg wie auch freiwilliges Engagement auf Gemeindeebene.

Neben den Finanzen stellen auch das Soziale und das Kulturelle wichtige zu nutzende Ressourcen dar.

Es bestehen auch Gegentrends im Sinn einer Wiederkehr von «alten» Werten.

3. Zusammenfassung

1. Schaffung von Partizipationsmöglichkeiten in Staat, Wirtschaft und Gesellschaft als konkreter Handlungsrahmen zur Herstellung von sozialem und demokratischem Fortschritt. Insbesondere Jungen sollen die Möglichkeiten und Chancen partizipativer Möglichkeiten aufgezeigt werden.

2. Bei der Schaffung und Erhaltung sozialer Gerechtigkeit und Verbindlichkeit hat der Staat als Rahmengeber einer sozialen Marktwirtschaft eine aktive und gestaltende Rolle einzunehmen.

3. Bildung bzw. Weiterbildung im Sinne von Transferleistungen ist von zentraler Bedeutung. Sparmassnahmen als Form der Unterressourcierung sind problematisch.

4. Schaffung von Integrationsmodellen: jung – alt, einheimisch – fremd, arm – reich, Mann – Frau.

STOP DER ZERSIEDELUNG
NATUR
LAND
STADT
DORF

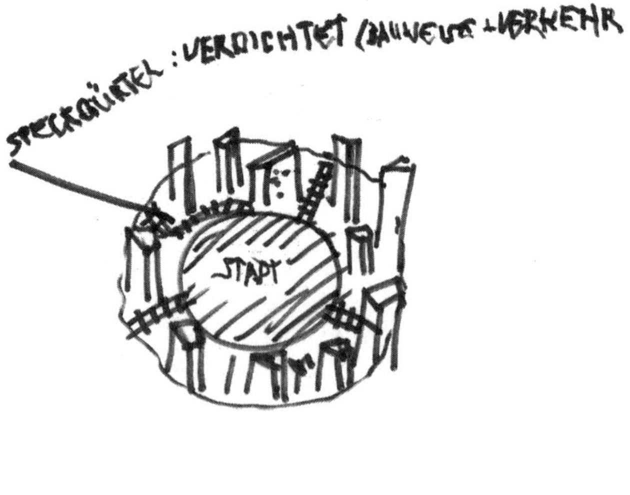
SPECKGÜRTEL : VERDICHTET (BAUWEISE + VERKEHR
STADT

Arbeitsgruppe Szenarien aus Sicht der Wirtschaft (Referentin Dr. phil. Kathrin Amacker)

Moderatorin: Iris Welten

Rapporteur: Franz Meyer

Protokoll: Franziska Ritter

Protokoll zum Sitzungsablauf

Der Sitzungsverlauf begann mit einer Einführung durch die Moderatorin, welche die Teilnehmenden um ihre persönlichen Definitionen von Visionen für den Kanton Baselland bat. Als Ausgangslage der Diskussion zeigte sie ein Zitat aus den vom Regierungsrat des Kantons Basel-Landschaft formulierten Zielvorstellungen.

1. Herausforderungen (Chancen und Risiken)

Zur Bearbeitung dieses Themas wurden zwei Arbeitsgruppen gebildet, deren Resultate dann im Gruppenplenum diskutiert wurden. Folgende Herausforderungen wurden thematisiert und diskutiert:

Überalterung

Kostenexplosion für Pflege etc. Das Risiko der Überalterung hängt unter anderem davon ab, ob daraus auch eine Wertschöpfung geschaffen werden kann oder nicht. Es könnte z. B. ein Kreativpool «60 plus» geschaffen werden und als *Unique Selling Proposition* (USP) für den Kanton Basel-Landschaft vermarktet werden. Dazu bedarf es eines neuen bzw. eines anderen Umgangs mit dem Alter. Die drohende Kostenexplosion für die Pflege der überalterten Bevölkerung stellt in jedem Fall ein Risiko dar.

Energieressourcen

Deren Verfügbarkeit bleibt ungewiss. Damit besteht das Risiko, dass die Wirtschaftsstrategie bzgl. der Energieverfügbarkeit falsch resp. zu spät an die Energiesituation angepasst wurde/wird.

Wertschöpfung

Das Ansiedeln neuer Industrien sollte mit einer höheren Wertschöpfung verbunden sein (vgl. Konzept im Referat von K. Amacker). Damit kann Baselland als regionaler Wirtschaftsmotor attraktiver werden. Das Risiko besteht, dass damit eine Kluft zwischen denjenigen, die davon profitieren und den anderen (ansässigen) Industriezweigen entsteht, die unter Umständen zu verkümmern drohen.

Werkplatz BL

Neben dem Industriebedarf an «Brainwork» und Hochtechnologie darf der Werkplatz BL nicht vernachlässigt werden.

Neuer Spirit

Neuansiedler haben Erwartungshaltungen, die modernen (urbaneren) Anforderungen genügen müssen. Allerdings kann der Kanton nicht mit den Vorteilen der Stadt konkurrenzieren. Ein grossräumigeres Denken, das sich nicht in zu vielen Details und Optimierungswünsche verhängt, wäre dazu nötig. Basel bleibt der «Melting Pot» der Region. Die neue Generation vernetzt sich auch unabhängig vom Standort. Dabei könnte der Kanton in geographische Funktionszonen aufgeteilt werden: Land wird als Funktion «Wohngebiet» attraktiver gemacht. Das Risiko besteht, dass Baselland nicht mit Basel-Stadt konkurrenzieren kann. Das Oberbaselbiet ist zu weit weg vom «Melting Pot» und damit unattraktiv.

Selbstbewusstsein

Der Kanton resp. seine Bewohner sollten sich ein stärkeres Selbstbewusstsein gönnen. Die Stabilität des Kantons, welche aufgrund guter strategischer und solider (pragmatischer) Arbeit in der Vergangenheit geschaffen wurde, kann darauf aufbauend aufrecht erhalten bleiben.

Duales Berufsssystem

Dieses muss unbedingt beibehalten werden. Damit werden die Berufschancen für davon erfasste Berufszweige wie z. B. Facharbeiter erhöht.

Konzentration der Kräfte

Statt mögliche (Infrastruktur-)Ressourcen für eine Vielzahl potenzieller «Ansiedler» bereitzustellen, soll eine Industrie(-branche) / Firma etc. direkt und gezielt angegangen und die Ressourcen konkret darauf ausgerichtet werden.

Landnutzung

Da im Kanton noch grössere Landparzellen zur Verfügung stehen, besteht die Chance für eine gut ausgebaute Infrastruktur und verdichtetes Bauen resp. Mischformen in Industrie- und Wohnzone. Das Risiko besteht, dass das Preis-Leistungs-Verhältnis nicht stimmt.

2. Reibungsflächen, Widersprüche, Schnittstellen

Die Ansiedelung der Industrie nach Modell Amacker («Kaffeemaschinen-Vision») schliesst andere Industriezweige aus. Zudem besteht ein Klumpenrisiko, wenn nur ein Industriezweig (Life Sciences) angesiedelt werden soll. Es drohen soziale Spannungen zwischen den an der Industrialisierung direkt Beteiligten und den «Anderen» (soziale und geografische Unterschiede). Der Mobilitätsbedarf des Modells Amacker stösst an Grenzen der Infrastruktur (Mobilität wird unattraktiv).

Urbanes Wohnen gewinnt an Attraktivität, da im Vergleich zu früher sauberer, ruhiger etc.

Die strukturelle Gestaltung des Kantons ist zentralistisch, deshalb muss die lokale Effizienz gesteigert werden, z. B. mittels Umlegung komplexer Aufgaben auf Gemeinden. Dies fördert die Zusammenarbeit resp. -legung von Gemeinden, bedingt aber eine Neugestaltung des Finanzausgleichs.

3. Schlussfolgerungen aus der Diskussion

1. Es braucht eine Strategie zur Ansiedelung von Industrie mit höherem Wertschöpfungspotential.
2. Die Raumplanung muss darauf ausgerichtet sein, das bestehende Flächenpotenzial auf den damit verbundenen Nutzungsbedarf auszurichten.
3. Es muss als Motor für die Vorwärtsstrategie ein neuer «Spirit» im Kanton geschaffen werden, der diese Ansiedlung auch interessant und attraktiv macht.
4. Grösster Unsicherheitsfaktor ist die nachhaltige Verfügbarkeit von Energie.

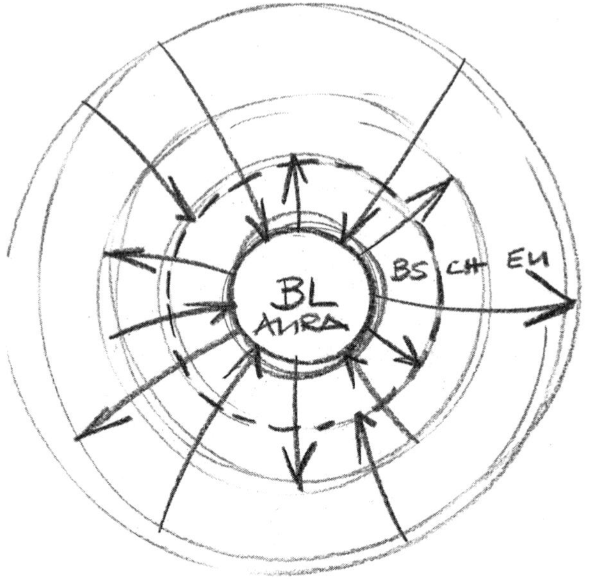
BL
AURA
BS
CH
EU

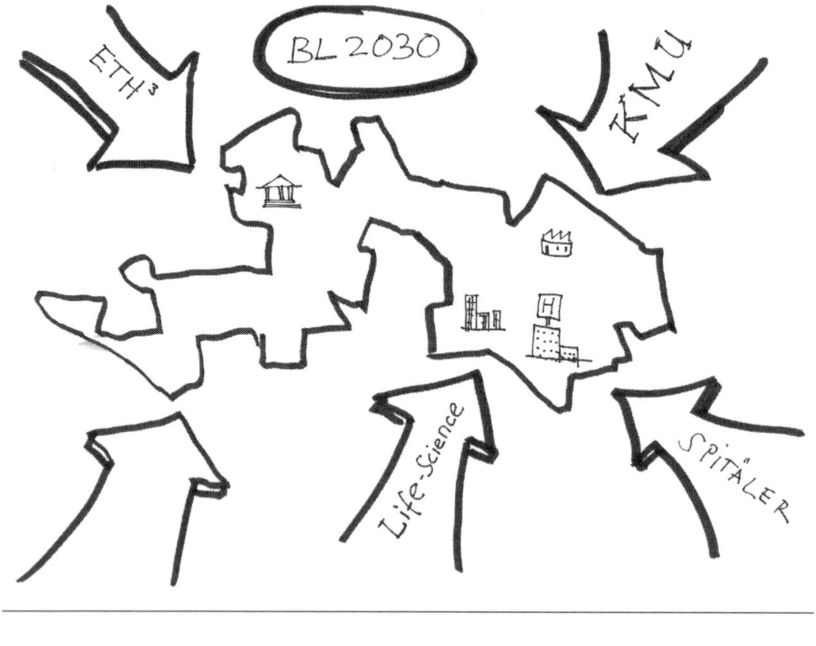
BL 2030
ETH
KMU
H
Life-Science
SPITÄLER

93

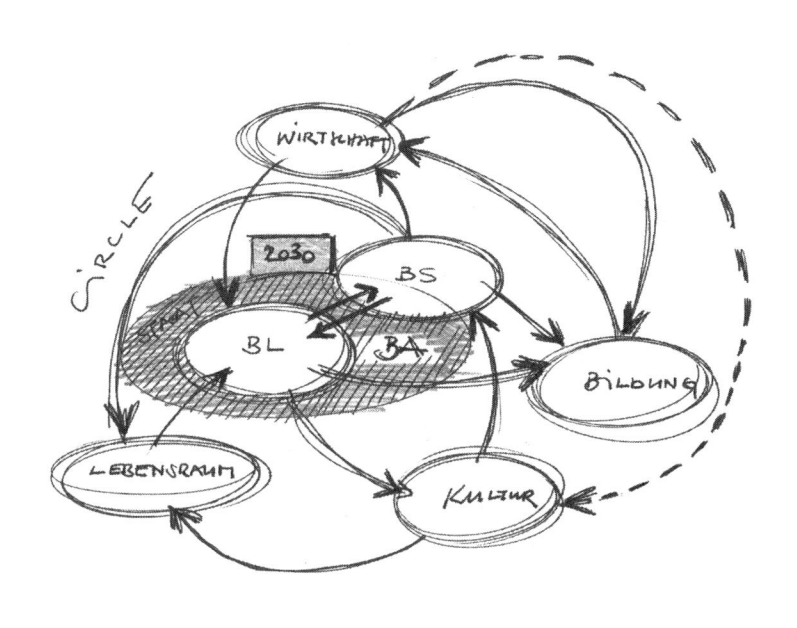

Arbeitsgruppe Szenarien aus Sicht von Raumentwicklung und Verkehr (Referent Dr. Patrick Leypoldt)

Moderator: Mathias Bürgin
Rapporteur: Urs Leugger-Eggimann
Protokoll: Ruth Voggensperger/Mathias Bürgin

Protokoll zum Sitzungsablauf
– Vorstellungsrunde
– Einführung durch den Moderator
– Diskussion:
   1. Welche Bezüge ergeben sich auf der Ebene Vision zu den anderen Referaten? (Eintretensvotum P. Leypoldt)
   2. Welches sind die grössten Herausforderungen (Chancen und Risiken) für den Kanton Baselland?
   3. Zusammenfassung und Inputs

Vorstellungsrunde, Einführung durch den Moderator und Klärung Fragestellung:
Zunächst stellen sich alle vor und nennen ihren Bezug zum Thema Raumentwicklung und Verkehr.
Einführung durch den Moderator zum Verlauf der Diskussion und Bitte an P. Leypoldt, seine Ausführungen und Visionen in Bezug zu den anderen Themen zu stellen.

1. Welche Bezüge ergeben sich auf der Ebene Vision zu den anderen Referaten?

Eintretensvotum Patrick Leypoldt: Bei seinen Ausführungen handelt es sich nicht um Visionen, sondern um mögliche Entwicklungsszenarien. Schnittstellen ergeben sich vor allem zum Thema Wirtschaft. Grenzregionen wie die Agglomeration Basel sind mit dem Ausland zu verknüpfen und können nicht nur bis an die Grenze entwickelt werden. Gemeinsam mit unseren Partnern sollen Visionen entwickelt und aus Fehlern gelernt werden.

2. Herausforderungen für BL: Risiken und Chancen

Die Arbeitsgruppe unterscheidet nicht nach Risiken und Chancen. Risiken können gleichzeitig Chancen sein und umgekehrt. Folgende Herausforderungen wurden thematisiert und diskutiert:

Megatrend Mobilität

Es besteht ein ungebremster Megatrend zur Mobilität. Szenarium 1 des Referenten, wonach im Jahr 2030 genug Energien vorhanden sind, tritt höchst wahrscheinlich ein. Es entspinnt sich eine lebhafte Diskussion darüber, ob und wie der Kanton einen Trend – wie konkret den Trend zur Mobilität – beeinflussen oder mitgestalten kann. Warum muss ich z. B. nach Zürich an eine Party gehen oder in den Osterferien mit der ganzen Familie auf die Malediven fliegen? Wie wollen wir mit der Freiheit umgehen?

Soll der Kanton bewusst in einen Trend eingreifen? Als Beispiel genannt werden: staatliche Limitierung des Benzins (Rationalisierung des Benzins: In 20 Jahren steht Benzin nur Flugzeugen zur Verfügung), extreme Verteuerung der Mobilität etc. Anstatt Eingriffe sind auch Leistungen denkbar, welche das Verhalten der Einwohner/innen Basellands steuern und damit eine Trendwende in der Einstellung herbeiführen: Die Täler sollen zu «Hotspots» gemacht werden, das Wohlbefinden als messbares Produkt gesteuert werden. Tätigkeiten wie Wohnen, Arbeiten, Handeln, Wirtschaften, Produzieren, Erholen etc. müssen durch sozialraumoriente und technische Raumplanung herbeigeführt werden; diese müssen ineinander übergreifen und dürfen nicht voneinander getrennt werden.

Die anwesenden Jugendlichen befürworten weder die ungebremste Mobilität noch den absoluten Stillstand in der Entwicklung. Gefragt sind ein gesunder Mix von beidem und die (politische) Flexibilität, auf Veränderungen rasch reagieren zu können.

Einig ist sich die Arbeitsgruppe, dass sich der Kanton mit Trends aktiv auseinandersetzen (Monitoring der Trends) und seinen Horizont diesbezüglich öffnen muss.

Vision: Das Leben in Baselland ist so gut, dass die Menschen nicht weggehen wollen.

Qualität und Gestaltungsmöglichkeiten in der Raumplanung und Architektur

Wohin und wie wollen wir wachsen? Dieser Diskurs muss geführt werden. Im Kanton Baselland hat zweifelsohne Wachstum stattgefunden, aber hat auch Entwicklung stattgefunden? Entwicklung hat nichts mit Wachstum zu tun. Entwicklung kann auch «schrumpfen» heissen.

Wichtig ist der Qualitätsdiskurs: Was für eine Siedlungsqualität brauchen wir? Was für eine Qualität des unbebauten Raumes wollen wir? Falls sich eine einheitliche Qualitätsdiskussion im Ober- und Unterbaselbiet als schwierig gestaltet, könnten

Visionen auch lokal entwickelt werden. Gestaltungsinstrumente sind vorhanden. Brauchen wir neue Planungsschulen?

Vision: Die Benutzer an der Basis gestalten mit!

Siedlungsgestaltung im Kanton Baselland

Wo will man Siedlungen heutzutage haben? Was und wo sind effiziente Gebiete für das Wohnen? Der Platzbedarf nimmt v. a. wegen des höheren Pro-Kopf-Flächenverbrauchs zu; es gibt Gemeinden, welche bauen, um den Mehrbedarf aufzunehmen. Wichtig ist, dass der Platzbedarf den Lebenszyklen besser angepasst werden kann. Wo will man in Zukunft Siedlungen erweitern? Eher an den mit hohen Erschliessungskosten verbundenen sog. «guten Lagen» abseits der Kerne oder eher konzentriert entlang der meist in Tälern gelegenen Verkehrskorridore? Inwieweit beeinflussen kulturelle Faktoren das Zusammensein? Im Birstal z. B. ist das ländlich traditionelle Milieu am Aussterben. Lebenskultur heisst Diversität und Dezentralisierung.

Einig ist sich die Arbeitsgruppe, dass der Bedarf für Infrastrukturen gegeben sein muss. Infrastrukturen müssen neuen, bedarfsgerechten Szenarien angepasst werden können.

Vision: Investoren orientieren sich an Bedürfnissen und Lebensstilen der Bevölkerung und der Umwelt.

Modell dezentralisierte Arbeit

Die Verlagerung von Arbeitsplätzen im Zusammenhang mit mobilen Arbeitsplatzmodellen wird noch kurz andiskutiert. Der öffentliche Verkehr soll nicht abgebaut werden. Ein kultureller Wandel hat Einfluss auf die Mobilität.

3. **Fazit aus der Diskussion / Input via Rapporteur an Plenum:**

1. Kanton entwickelt bedarfsgerechte und bedürfnisorientierte Raumplanungsinstrumente im bebauten und unbebauten Raum. Qualitätsentwicklung soll im Vordergrund stehen bei der Entwicklung von Siedlung und Landschaft.
2. Mobilitätsverhalten im Kanton soll mit reduzierendem Ziel beeinflusst werden, verantwortungsbewusstes Verhalten, Freizeitverhalten soll angestrebt werden.
3. Sorge tragen zur Diversität, zur Vielfalt im Sinne der Identitätsstiftung.
4. Trendumkehr auslösen: Wohnflächenbedarf stabilisieren, Ressourcenverschleiss reduzieren.
5. Wertewandel in Bezug auf einen schonungsvolleren Umgang mit der Ressource Landschaft muss eingeleitet werden.

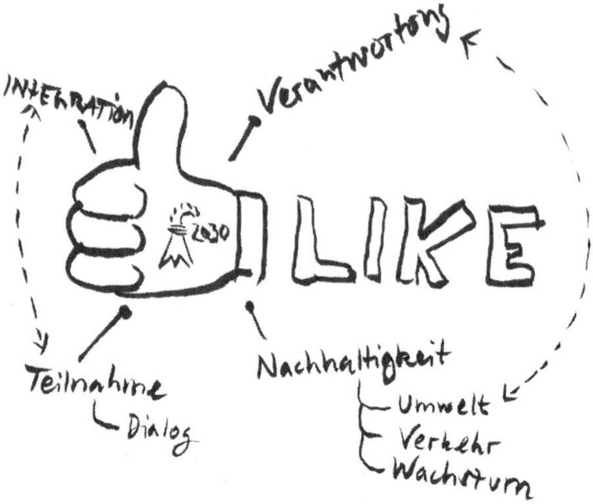
INTEGRATION
Verantwortung
LIKE
2030
Teilnahme
Dialog
Nachhaltigkeit
Umwelt
Verkehr
Wachstum

Paneldiskussion: Entwicklunsperspektiven

Moderation: Daniel Wiener, Journalist und Geschäftsleitungsmitglied ecos

Wertewandel

Heute war immer wieder von einem Wertewandel die Rede. Die Frage stellt sich, wie der postulierte Wertewandel erreicht werden kann. Was wollen wir für Werte? Dies normative Diskussion muss auf partizipativem Weg geführt werden: Werte sollen unter Beteiligung der relevanten Gruppen gesetzt werden.

Die Frage mit Blick auf alle Referate und bisherigen Diskussionen von heute ist auch: Gibt es ein grosses Ganzes? Jedenfalls sind keine grundsätzlichen, unüberbrückbaren Widersprüche zwischen den Referaten ersichtlich. Hingegen gibt es unterschiedliche Befindlichkeiten und Wertbeziehungen im Kanton (unten – oben, jung – alt etc.), die zu beachten und zu berücksichtigen sind – auch wenn die Bevölkerung tendenziell näher zusammengerückt ist.

Partizipation

Das Element der Partizipation ist in allen Bereichen aufgeschienen. Die Vision muss ein Kanton sein, der Partizipation gross schreibt und alle relevanten gesellschaftlichen Gruppen daran teilhaben lässt.

Auch im wirtschaftlichen Bereich ist Partizipation hoch zu gewichten im Sinn einer weitergehenden Demokratisierung der Gesellschaft.

Wichtg ist eine Begeisterung an der Gestaltung der Zukunft in einer grösseren regionalen Sicht. Die spürbare Aufbruchstimmung muss ausgenützt werden für eine Qualitätsinitiative in allen Bereichen. Die Planungen müssen weiter hinunter gebrochen und diskutiert werden. Problematiken müssen transportiert werden, Beteiligte einbezogen werden im Sinne einer Ausübung von Leadership.

Die geforderte Partizipation kann auch im Sinne einer Renaissance des Subsidiaritätsprinzips aufgefasst werden.

Partizipation ist auch in einem Sinne zu verstehen, dass konkrete zukunftsfähige Ideen eingebracht und vernetzt werden können. Angesichts der Flughöhe der heutigen Diskussionen konnten einzelne, konkrete Projektideen zu wenig eingebracht werden. Benötigt wird aber eine konkrete Sammlung und Triage von Ideen und Schwerpunkten, die eingebracht und ausgewertet werden.

In einer nächsten Phase soll noch konkreter diskutiert werden können.

Chancen zur Partizipation für Junge schaffen

Die Partizipation muss auch gegenüber den jungen Menschen verwirklicht werden. Die Parteien müssen sie ermuntern, erste Erfahrungen im Jugendparlament zu machen. Daran schliesst sich aber auch an, dass es ihnen ermöglicht wird, in den etablierten Parteien Verantwortung übernehmen zu können. Auch das Schulfach «Politik» wäre sehr wichtig, um Junge zu ermuntern und zu befähigen.

Junge müssen über Themen diskutieren können, die sie in Zukunft betreffen, nicht nur über mehr oder weniger nischengerechte oder alibihafte Fragen zum Thema «Jugend».

Jugendliche reagieren enttäuscht, wenn sie letztlich nicht ernst genommen werden, wenn sie sich einbringen.

Die Interessen der Jugend und der Raumplanung hängen zusammen. Dies müsste sichtbar gemacht und thematisiert werden.

Territorialreformen

Die Diskussionen sind erfreulich lebhaft. Dabei muss auch das Selbstverständnis der Kantone immer wieder diskutiert werden.

Heute sind starke politische Gemeinden und Kantone erforderlich, die eine genügende Grösse aufweisen müssen. Ein fusionierter Kanton Basel ist in diesem Sinne anzustreben.

Aufbruch- und Abbruchstimmungen wechseln sich in unserem Kanton ab. In Anbetracht der aktuellen Situation muss wieder Schwung und Freude eingebracht und geschaffen werden. Der Schwung von heute ist in diesem Sinne unbedingt mitzunnehmen.

(Aufgezeichnet von Lukas Ott).

Gesellschaft   Umwelt

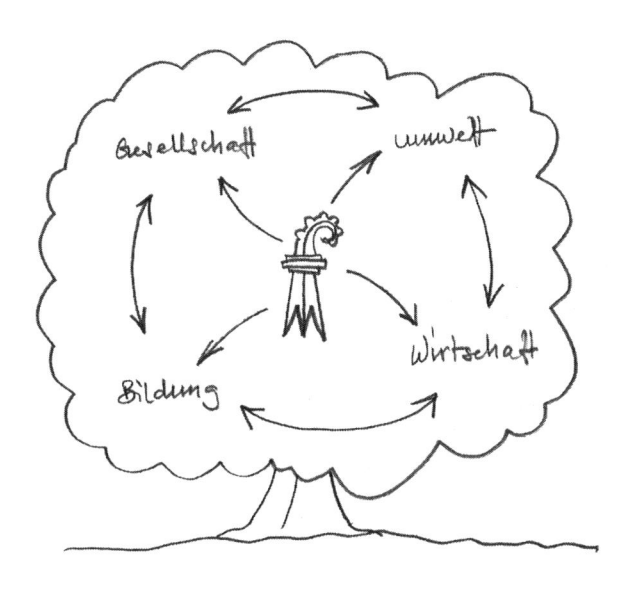

Bildung   Wirtschaft

BASEL
LAND
SCHAFFT !

FÜHREN 》 VERTRAUEN 》 ZUVERSICHT 〉 VISIONEN !

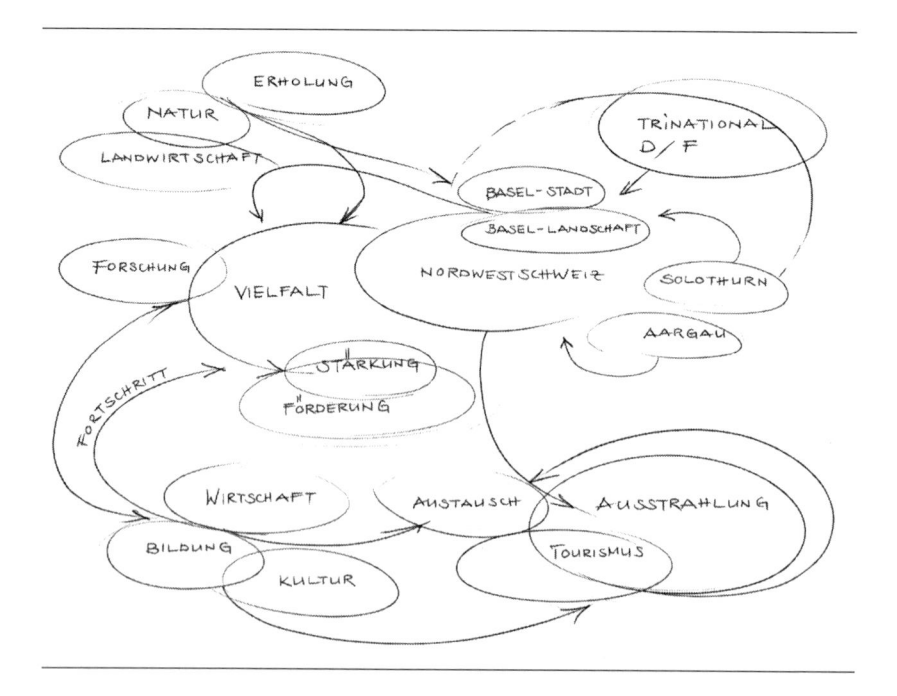

«BL 2030 = Kerngebiet des Kantons Nordwestschweiz.»

«Ich wünsche mir einen wiedervereinigten Kanton Basel.»

«Im Bereich der Migration sind pro futuro nur internationale bzw. interregionale Lösungen und Kooperationsformen Erfolg versprechend. Diese Kooperation stellt zwischen den beiden Basel ein ‹Must› dar.»

«Die heutige politische Kleinräumigkeit verhindert oder verzögert regionale Lösungen. Knapper werdende Finanzen unterliegen einem falschen Divisor – es bleibt zu wenig für ‹grosse Würfe›. Also: Kräfte bündeln in einem Kanton Basel – Holdunglösungen sind notwendig!»

«Die Bevölkerung nimmt aktiv an den Meinungsbildung teil.»

«Im Jahr 2030 leben wir in einem Kanton, in dem die Jugend weiterhin eine hervorragende Bildung geniessen kann.»

«Der Kanton BL muss Chancen und Risiken neuer Technologien proaktiv begleiten, damit das Forschungspotenzial der ganzen Region zum Wohle der Gesellschaft genutzt werden kann.»

«Das Wirtschaftswachstum hat sich nicht von der sozialen Solidarität entkoppelt.»

«Die bereits 2015 eingeführten Gebietskörperschaften wie «Birsstadt» oder «Leimental» haben viele Aufgaben der Gemeinden übernommen.»

«Die Nachhaltigkeit in den Bereichen Wirtschaft, Gesellschaft und Umwelt wird umgesetzt.»

«Die Infrastruktur für den öffentlichen Verkehr und den Langsamverkehr ist so ausgebaut, dass kein weiterer Infrastrukturausbau für den motorisierten Individualverkehr mehr nötig ist.»

«Die Artenvielfalt hat wieder den Stand der 1950er-Jahre erreicht.»

«In der Nordwestschweiz findet eine gemeinsame Spitalplanung mit kleinen Versorgungsspitälern in der Region und einem Vollanbieter in der Stadt statt.»

«Der Kanton BL findet zurück zu einem innovativen, zukunftsgerichteten und attraktiven Gemeinwesen, in dem Verlässlichkeit und Vertrauen wieder hergestellt sind.»

«2030 gibt es Basel-Landschaft als Kanton nicht mehr. Baselland ist aber die Landschaft von Basel mit eigener Identität geblieben. Der ehemalige Kanton BL besteht weiterhin aus 86 Ortschaften, neu verteilt auf 10 politische Gemeinden.»

«Die Landschaft wurde insbesondere im oberen Kantonsteil aufgewertet. Die Bevölkerung hat seit 2012 um 20 % abgenommen. Der Bezirk Arlesheim hingegen ist eine Agglomeration mit hochwertiger Wohnqualität geworden.»

Zusammenfassungen

Wonderful Baselbiet

Daniel Wiener, Moderator der Tagung «Baselland 2030», Journalist BR, GL-Mitglied ecos

Es gibt Momente, da singe ich, ohne lange nachzudenken, im vielstimmigen Chor mit, der die Wiedervereinigung beider Basel unverzichtbar und logisch findet. Als Moderator der Tagung «Baselland 2030» kam ich aber wieder einmal ins Grübeln. Denke ich seither an die «Fusion» beider Basel, schlagen zwei Herzen in meiner Brust. Brauchen wir nicht ein unabhängiges, kooperatives Baselbiet, das jubiliert, das leidet, das sich behauptet, das sich immer wieder selbst erfindet, ja, erfinden muss?

Denn das Baselbiet ist politisch hoch erfolgreich: Es initiierte beispielsweise die Idee des Zivildienstes als Ersatz für Gefängnisaufenthalte von Militärdienstverweigerern. In seinem Schoss entstand die Schweizer Anti-AKW-Bewegung, die letztes Jahr mit dem Beschluss zum Ausstieg aus der radioaktiven Müllproduktion ihren grössten Triumph feiern konnte. Auch fiskalisch hat Baselland dem Bund als Versuchslabor gedient, mit Versuchsballonen von Links wie Rechts, etwa der Reichtumssteuer und dem Bausparen.

Am 21. April 2012 trafen sich 100 Baselbieterinnen und Baselbieter, dazu einige Gäste aus Basel, im Sissacher Schloss Ebenrain, um in die Zukunft zu blicken. Das Baselbiet braucht Visionen, waren sich alle einig. Kulturchef Niggi Ulrich hatte das passende Bonmot von Helmut Schmidt im geistigen Gepäck. Oft werde nur der erste Satz zitiert: «Wer Visionen hat, sollte zum Arzt gehen.» Doch der ehemalige Bundeskanzler habe noch einen zweiten hinzugefügt: «Wer eine Vision hat, kann sich glücklich schätzen.» Genau darum ging es im Ebenrain.

Die Selbstbehauptung des Baselbiets setzt Reflexion und gemeinsames Handeln voraus. Kein Kanton ist so sehr ein Willenskanton wie Baselland. «Mir wei luege», hiess es mal. «Miir wei fürsi luege», hiess es im Ebenrain. Das Fazit von vier Fachreferaten und Arbeitsgruppen war: Die Zukunft ist unberechenbar. Sie inhaltlich zu planen, ist kaum möglich. Wir können aber unser Gemeinwesen auf Überraschungen einstellen, auf ein Spektrum möglicher Zukünfte.

Es nervt, dass mein Korrekturprogramm das Wort Zukünfte als Fehler rot unterstreicht. Die Textverarbeitung will mir sagen: Die Mehrzahl von Zukunft gibt es nicht. Aber genau dies behauptet – zu Recht – das Baselbiet seit der Ebenrain-Tagung.

Der neue Impuls, der inmitten blühender Fruchtbäume geboren wurde und das Baselbiet auf alle mögliche Zukünfte vorbereiten wird, heisst Partizipation. Beteiligung der Bevölkerung an der Planung, Gestaltung, Innovation. Zum Beispiel, um die Qualität der Siedlungen in den Mittelpunkt der Entwicklung zu stellen. Oder beim Haushalten mit knappen Rohstoffen das Zusammenrücken auf kleinere Räume zu erlauben.

Partizipation bedeutet, die vielen kreativen und schlauen Köpfe des Baselbiets, die sich überall engagieren, nur nicht für ihr Gemeinwesen, aus dem Busch zu klopfen. Sie dafür zu gewinnen, etwas für ihren Wohnkanton zu tun. Das braucht wirksame Lockmittel, das Eröffnen von Chancen, die Einberufung von Räten, eine stärkere Durchlässigkeit von Regierungstätigkeit, Verwaltung und Parlament für neue Ideen, auch wenn sie zunächst unausgegoren erscheinen. Mithin eine neue Lockerheit.

Wenn in 20 Jahren auf eidgenössischer Ebene das Stimmrechtsalter Null (mit Vertretung der Kinder bis 16 durch die Eltern) eingeführt wird, wenn allenthalben Jugendräte wichtige entscheide fällen und Ausländerinnen und Ausländer umfassend mitwirken können, wird man sich fragen: «Wer hat's erfunden?» – «Das Baselbiet», wird die korrekte Antwort nicht nur für Ricola lauten.

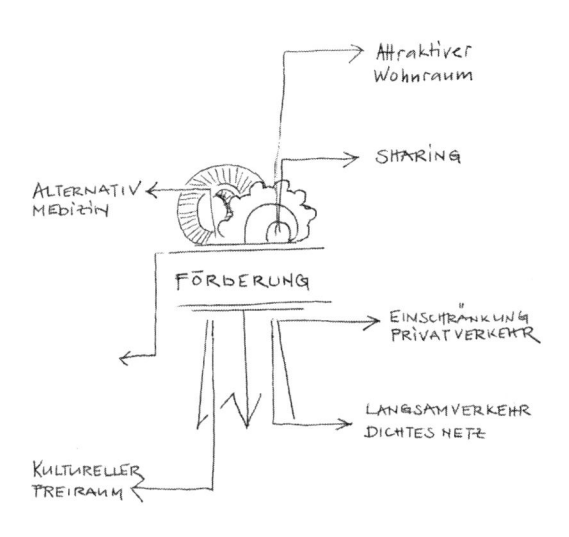

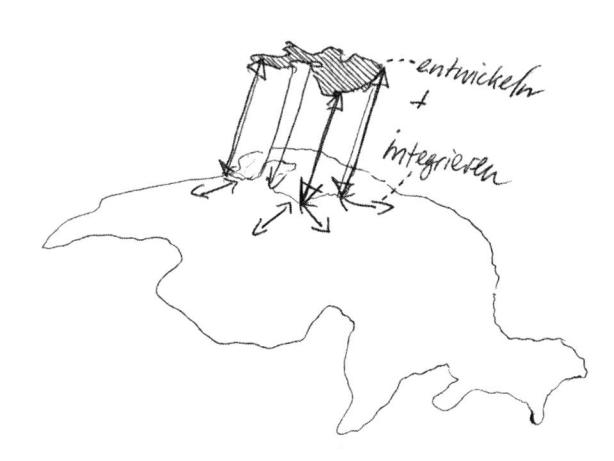

Vom Mut, radikal vorwärts zu denken

Regierungsrat Urs Wüthrich-Pelloli, Vorsteher der Bildungs-, Kultur- und Sportdirektion des Kantons Basel-Landschaft

Wie sieht es in unserer Region im Jahr 2030 aus? Ich war sehr motiviert, zu dieser Tagung zu kommen, getreu Albert Einsteins Leitsatz: «Mehr als die Vergangenheit interessiert mich die Zukunft, denn in ihr gedenke ich zu leben.» Meine hohen Erwartungen wurden nicht enttäuscht. Ganz im Gegenteil: Ich freue mich über die wertvollen Inputs und die lebhaften und intensiven Diskussionen am heutigen Tag. Es geht jedoch nicht nur darum, radikal zu denken und darüber zu sprechen, sondern auch entsprechend zu handeln.

Mein Regierungskollege Isaac Reber hat einleitend auf die mittelfristigen Planungsinstrumente und Strategien des Regierungsrates hingewiesen. Auch wenn Sie darin einen für Ihren Geschmack noch zaghaften oder pragmatischen Versuch erkennen mögen, einen mutigen Aufbruch zu wagen: Ich bin überzeugt, dass es sich lohnt, diese Planungen als geeigneten Ausgangspunkt zu nehmen, um sie radikal weiter vorwärts zu denken und visionäre Langzeitplanungen anzustreben.

Denise Buser hat in ihrem Referat die weiterhin zentrale Rolle des Föderalismus betont. Wir haben zudem gesehen, dass heute im Sinne eines weiteren Strukturprinzips die Beachtung und die Schaffung funktionaler Räume wichtig sind. Der Vollzug der Staatsaufgaben muss im Sinne der Effizienz und Effektivität, aber auch im Interesse der Partizipation möglichst nahe bei den Leuten geschehen. In diesem Sinne geht es auch darum, die Demokratie und die Beteiligungsmöglichkeiten weiter zu stärken. Um langfristige Massnahmen, die in Richtung eines zukunftsfähigen Kantons führen, weiter diskutieren und wirksam in die Entscheidungsfindung einbringen zu können, ist die Schaffung eines Zukunftsrates als lohnens- und erfolgsversprechendes Projekt zu prüfen.

Eine zentrale Frage betrifft die Rolle des Kantons Basel-Landschaft in Europa – speziell, wenn wir unsere Grenzlage bedenken: Wollen wir mitreden oder nur nachvollziehen? Mir scheint der Hinweis wichtig zu sein, dass insbesondere das Instrument der Staatsverträge nicht losgelöst von funktionalen Räumen diskutiert werden kann.

Wirtschaft und Gesellschaft standen im Mittelpunkt der Referate von Ueli Mäder und Kathrin Amacker. Ich möchte die beiden Themen hier gemeinsam nennen, um den Zusammenhang der Wirtschaft und der gesellschaftlichen Ordnung hervorzuheben. Mir ist wieder einmal bewusst geworden, dass der bei Jubiläen gerne zitierte Ausspruch «Zukunft braucht Herkunft» nur die halbe Wahrheit ist. Denn: Herkunft braucht auch Zukunft. Zukunft zu gestalten heisst, sich seiner Herkunft bewusst zu sein, gewachsene Werte zu bewahren, um sich in die Lage zu versetzen, neue zu entwickeln.

In Anbetracht der demografischen Entwicklung kann und muss zu Recht von einem Megatrend gesprochen werden, wenn man feststellt, dass «Silberfäden» unsere Gesellschaft immer stärker durchziehen. Darauf gilt es sich einzustellen und den «Generationenvertrag» als etwas anzusehen, das immer wieder von Neuem ausgehandelt und bestätigt werden muss.

Im weiteren geht es ganz zentral um eine Reflexion der Entscheidungsprozesse. An der Gestaltung der gesellschaftlichen, wirtschaftlichen und demokratischen Verhältnisse sind stets verschiedene Gruppen und Akteure in unterschiedlicher Intensität beteiligt. Macht und Partizipation sind dabei die zentralen Kategorien der Auseinandersetzung. Die Frage ist gestellt und muss uns beschäftigen: «Wohin wandert die Macht?» Wenn es gilt, aus Betroffenen Beteiligte zu machen, wird es von entscheidender Bedeutung sein, möglichst vielen Gruppen die Teilhabe zu ermöglichen.

Es braucht auch einen gegenseitigen Umgang des Respekts und der Anteil- und Rücksichtnahme – einen Umgang, der sich an einer Haltung des «Care & Share» statt des «Drill & Kill» orientiert. Alle Teile unserer Gesellschaft – Wirtschaft, Zivilgesellschaft und Staat – sind grundsätzlich gleichermassen davon gefordert. Um nicht als naiv zu gelten: Es wird im Sinne einer Verantwortungsethik trotzdem darum gehen, sich bei unseren Handlungen immer wieder an den tatsächlichen Ergebnissen und deren Verantwortbarkeit zu orientieren. Es sind deshalb differenzierte Sichtweisen zu entwickeln und auch Ambivalenzen zuzulassen. Gefragt ist also die berühmte Balance zwischen Gesinnung und Verantwortung.

Eine konkrete Herausforderung besteht darin, unsere Innovationskraft zu sichern. Die «Kaffeemaschinenvision» von Kathrin Amacker ist in diesem Sinne ein bedenkenswerter Ansatz, der eine kraftvolle Fokussierung zulassen könnte. Kleinere Einheiten sind zudem beweglicher und beanspruchen kleinere Budgets – dies sind nicht von der Hand zu weisende Vorteile.

Im weiteren wird es darum gehen, Nase (und Hirn) gut in den IT-Wind zu halten, um die Führung nicht an die Bits und Bytes zu verlieren. Gefordert sind hier auch unsere Schulen. Dabei geht es auch um Fragen nach der Sozialverträglichkeit der Informations- und Kommunikationstechniken.

Patrick Leypoldt hat in seinem Referat zu Recht darauf hingewiesen, dass mit dem immensen Bevölkerungswachstum weltweit der Druck auf die Ressourcen massiv zunehmen wird. So wird beispielsweise der Energiebedarf Chinas bis ins Jahr 2030 eine Steigerung von 60 % erfahren, bei der Nahrung steigt der Bedarf um 50 %. Und China ist beileibe nicht alleine mit seinem unersättlichen Hunger nach Energie und Nahrung. Gerade vor dem Hintergrund eines steigenden Nahrungsbedarfs kommen auf die Produktion und die Verteilung der Nahrungsmittel grosse Herausforderungen zu. Ob es sich die globale Gesellschaft noch wird leisten können, wertvolles Getreide zur Biospritproduktion einzusetzen, wird eine wichtige Abwägung zwischen der Deckung des Nahrungsbedarfs und der Deckung des Energiebedarfs erfordern.

Je nach Verfügbarkeit von Energie sind zwei unterschiedliche Szenarien denkbar: Entweder wir machen weiter wie heute, noch schneller unterwegs auf immer weiteren Wegen, angetrieben durch den «Sprit». Oder wir machen Gebrauch von einem Geist der Besinnung – einem «Spirit», der sich an einer nachhaltigen Entwicklung und dem Wohl und Gedeihen zukünftiger Generationen orientiert. Unser Aktionsradius würde uns die Kultur der Langsamkeit und des Resistierens neu entdecken lassen und sich wieder mehr am Nahen und Naheliegenden orientieren. Lassen Sie mich noch ein drittes Szenarium hinzufügen, im Sinne eines Orwellschen Überwachungsstaates, in dem jeder und jede alleine bei sich zu Hause sitzt und die Herrschaft an die IT abgegeben hat: Dieses Szenarium sollte uns in Anknüpfung an bereits weiter oben Gesagtes veranlassen, Methoden der Machtausübung stets zu reflektieren.

Braucht ein Kanton eine Vision? Ich meine ganz klar ja. Visionen haben eine wichtige Funktion als Katalysatoren, um reale Prozesse der Zukunftsgestaltung tatsächlich starten zu lassen und voranzutreiben. Dabei wünsche ich mir als Regierungsrat dieses Kantons, dass er wieder zu seiner Pionierrolle zurückfinden möge, die er einst so erfolgreich eingenommen hat. So bin ich überzeugt, dass die Werte der Gründergeneration unseres Kantons das Potenzial haben, um auf ihrem Fundament Zeitgemässes, Neues und Zukunftsfähiges zu schaffen. Und mit jeder Verbreiterung des Spektrums an Szenarien erhöhen wir unsere Handlungsfähigkeit – weil sie uns in die Lage versetzt, die Zukunft unseres Kantons nicht als Getriebene, sondern als Gestalter anzugehen. Das Denken und Vertrautmachen mit Varianten und Alternativen wird unseren Grad der Autonomie und Souveränität erhöhen. In diesem Sinne gilt es, das Visionäre ohne Wenn und Aber zuzulassen und zu stärken – über den Horizont unserer herkömmlichen Planungsinstrumente hinaus.

Und vergessen wir trotz der wichtigen Rolle der Wirtschaft bei der Deckung unseres Bedarfs an Gütern nie, dass unsere Jugend die wichtigste «Ressource» unserer Zukunft ist. Entsprechend gilt: «Jugend braucht Zukunft!» Sich dafür zu engagieren, dazu fordere ich Sie auf. Sorge tragen müssen wir auch zur Umwelt. Dabei genügt es nicht, die Umwelt nicht zu verschmutzen. Wir müssen auch mit den Ressourcen sorgfältig umgehen. Das dürfte heute allen klar sein. Und ein Letztes: Vergessen wir bei der Beschäftigung mit der Ausgestaltung unseres individuellen und gemeinschaftlichen Lebens nicht, dass unsere suchende Haltung stets auch der geistig-geistlichen Orientierung im Sinne einer gelebten Spiritualität bedarf. Lassen Sie uns in diesem Sinne nicht nur mit Entschlossenheit vorwärts denken und «fürsi luege», sondern ab und zu auch mit dem notwendigen Respekt gegenüber dem uns Anvertrauten und unserer Verantwortung «obsi luege».

(Aufgezeichnet von Lukas Ott).

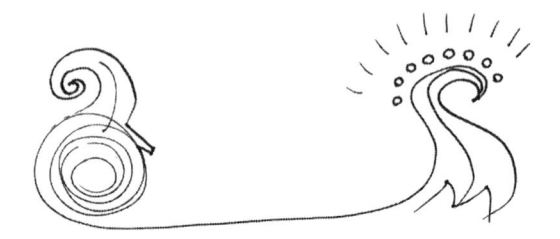

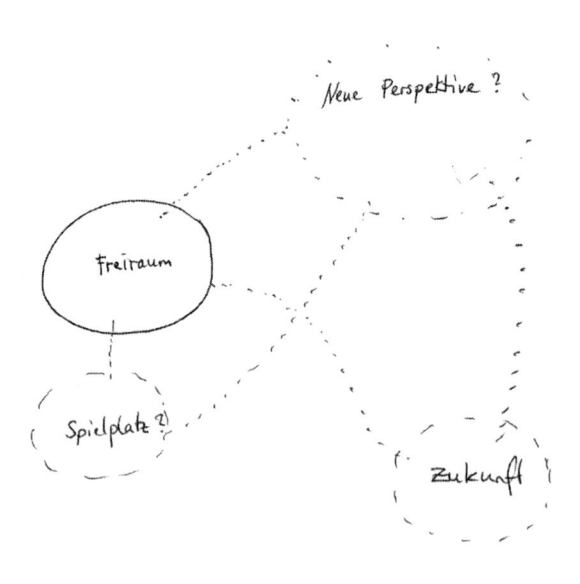

Ausblick

«*Die wahre Grosszügigkeit der Zukunft gegenüber besteht darin, in der Gegenwart alles zu geben.*»
Albert Camus

lic. phil. Lukas Ott, Dr. iur. Roland Plattner, lic. iur. Franziska Ritter, lic. iur. Ruth Voggensperger

Ausgangslage

«Einen Ausgangspunkt für weitere Auseinandersetzungen bilden und den begonnenen Dialog mit einer interessierten Öffentlichkeit sowie den kantonalen Behörden in geeigneter Weise fortsetzen»: So haben wir im Vorwort den Zweck dieses Tagungsbandes umschrieben. Doch wie genau soll dieser Dialog fortgesetzt werden? Wohin sollen die Inputs führen und was geschieht damit? Diese konkreten Fragen stellen nicht nur wir uns, als die für diese Tagung federführende Projektgruppe. Dies fragen sich auch viele Tagungsteilnehmende sowie Leserinnen und Leser dieser Publikation.

Erkenntnisse

Mit den vier Referaten und den sich darauf beziehenden Arbeitsgruppen wurden verschiedene Felder des politischen Handelns in einer prospektiven Perspektive thematisiert. Die jeweiligen Szenarien zeigten Möglichkeiten und Ansätze von Veränderungen auf. «Interessant», «gedankenanregend», «verdienstvoll»: Im Rückblick bezeichneten viele Tagungsteilnehmende

die Erarbeitung konkreter Impulse zu den Zukunftsperspektiven und zur Entwicklung des Kantons Basel-Landschaft in zwanzig bis dreissig Jahren als mutig und sinnvoll. Endlich komme eine Gruppe von Leuten auf die Idee, nicht nur an Morgen, sondern an Übermorgen zu denken: «Der Bedarf an einem neuen Horizont – das nicht unproblematische Wort ‚Vision' lasse ich einmal beiseite – kann man ernsthaft nicht mehr bestreiten», so die Rückmeldung eines Teilnehmenden. Begrüsst wurde nicht nur die Idee überhaupt, eine offene und anregende Diskussion über die Zukunft zu führen, sondern auch die grundsätzlich offene Haltung der Teilnehmenden. Zu spüren gewesen sei eine grosse Bereitschaft, Fragen zur Zukunft unseres Kantons unvoreingenommen anzugehen. Dank der Vielfalt aller Teilnehmenden sei es möglich gewesen, über die spezifischen Interessen Einzelner hinweg zielgerichtet entlang eines Themas zu diskutieren.

Doch auch wenn der Wert einer solchen Tagung nicht nur anhand konkreter Resultate beurteilt werden kann, sondern für die weitere Entwicklung des Kantons allein schon die Tatsache von grosser Bedeutung ist, dass wichtige Themen in geeigneten Kreisen thematisiert werden: Wie die Rückmeldungen zur Tagung auch zeigen, fehlte verschiedenen Teilnehmenden die Herausarbeitung von konkreten Handlungsmöglichkeiten. «Die Tagung war zu wenig resultatsorientiert, aber immerhin war sie ein wertvoller Anfang, auf dem weiter aufgebaut werden kann.» Auch wenn die Referate grundsätzlich neue Gedanken ermöglicht und einen guten Rahmen für eine inhaltliche Diskussion gebildet hätten: Es sei insbesondere in den Arbeitsgruppen verpasst worden, greif- und umsetzbare Resultate zu erarbeiten. Im Ergebnis seien die Workshops «zu rudimentär und zu wenig in die Tiefe und in die Zukunft gerichtet» gewesen.

Im Hinblick auf eine weitere Veranstaltung wurde deshalb angeregt, einzelne Themen vorgängig in Gruppen vertieft vorzubereiten. An der Tagung sollen dann die Ergebnisse präsentiert und mit mehr Wissen in den Arbeitsgruppen mit Vertreter/innen aus den anderen Gruppen konkrete und realisierbare Resultate erarbeitet werden. Auf diesem Weg könne die Vernetzung der einzelnen Aspekte besser erreicht werden. In diesen themenzentrierten «Vertiefungskreisen» wird von verschiedener Seite die Möglichkeit und Chance gesehen, eine kontinuierliche Dialogkultur zu stärken. Angeregt wurde zudem, eine weitere Tagung mit Internetforen, Blogs, der vermehrten Nutzung von Social Medias oder regelmässigen Vortragszyklen zu ergänzen, um die Diskussionen noch offener und breiter, aber auch effektiver führen zu können. Begleitet werden könnten diese Themengruppen von einer Steuerungsgruppe aus Mitgliedern von Wirtschaft, Gesellschaft und Politik, aus denen zu einem späteren Zeitpunkt allenfalls ein vom Regierungsrat oder Landrat beauftragter Zukunftsrat hervorgehen könnte.

Um die Resultate greifbarer zu machen, sei zudem mehr Zeit einzusetzen, um über das Vorgehen zu sprechen: «Wie können die Resultate in die Öffentlichkeit und in die Politik getragen werden?» Gefragt sei deshalb auch eine Strategie, wie die Ergebnisse implementiert und konkret umgesetzt werden können.

Konsequenzen

Wie soll es weitergehen? Bereits heute geplant ist eine konkrete Vertiefung, die an der Juristischen Fakultät der Universität Basel stattfinden soll. Prof. Dr. Markus Schefer, ebenfalls Mitglied der Herausgeberkommission «Recht und Politik im Kanton Basel-Landschaft», sieht die Durchführung eines Blockseminars vor, an dem sowohl Studierende als auch Vertreter/innen der politischen Behörden und der Verwaltung spezifische staatsrechtliche Fragen der Zukunft des Kantons Basel-Landschaft bearbeitet werden.

In der Auseinandersetzung mit allen diesen Rückmeldungen und Anregungen fühlt sich die Projektgruppe bestärkt, die prospektive Auseinandersetzung mit zentralen Fragen der Wirtschaft, der Gesellschaft und der Politik weiterzuführen. Die Tagung wurde mehrheitlich als lohnend und bereichernd empfunden, eine Erwartungshaltung für eine Folgeveranstaltung oder eine andersgeartete Fortsetzung des Erkenntnisgewinns kommt bei den Teilnehmenden klar zum Ausdruck.

Die Projektgruppe wird deshalb den Faden gerne weiterspinnen und die vielen wertvollen Anregungen bei der Weiterarbeit berücksichtigen. Ziel ist es dabei auf alle Fälle, eine noch ergebnisorientiertere Herangehens- und Vorgehensweise entlang der beschriebenen Vorschläge zu wählen. Es wird um die Herausforderung gehen, mit den geeigneten Personen die geeigneten Formen einer vertieften und konkreteren Auseinandersetzung und Diskussion festzulegen. Die Herausgeberkommission wird sich insbesondere auch mit der Idee für die Einführung eines Zukunftsrats auseinandersetzen und – neben anderen Modellen für die Fortführung des Dialogs über die Zukunft unseres Kantons – die Durchführung einer Nachfolgetagung intensiv prüfen. Als oberste Zielsetzung soll weiterhin gelten, einen kleinen Beitrag zu sinnvollem politischem Handeln zu leisten. Vertiefte Analysen und die Identifikation wichtigster Weichenstellungen und Massnahmen werden immer wichtiger, gerade weil sie in einer Welt des Wertewandels, der Akzeleration der gesellschaftlichen, politischen und wirtschaftlichen Entwicklungen immer schwieriger werden – davon möchten wir uns auch weiterhin leiten lassen.

Basel~~Land~~wirtschaft?

Verzeichnis der Autorinnen und Autoren

KATHRIN AMACKER-AMANN, Dr. phil., geboren 1962, Binningen, arbeitete von 1990–2010 als Pharmazeutin in den Bereichen Produktion, Entwicklung, Sozialpartnerschaft und Personal bei Ciba-Geigy und später Novartis. Ihre politische Laufbahn hat sie im 2002 in den Vorstand der CVP Schweiz, im 2004 ins Präsidium der CVP Baselland und im 2007 in den Landrat geführt. Sie präsidierte vier Jahre die Gleichstellungskommission BL und war sechs Jahre im Einwohnerrat Binningen. Im 2007 wurde sie in den Nationalrat gewählt und war Mitglied der Aussenpolitischen Kommission und der Kommission für Internationale Entwicklungszusammenarbeit. Im 2008 wurde sie in die Parteileitung der CVP Schweiz gewählt. Ende 2010 trat sie aus dem Nationalrat zurück, da ihre neue Funktion in der Swisscom Geschäftsleitung reglementarisch nicht mit dem Mandat vereinbar war. Bei Swisscom leitet Kathrin Amacker seit 2010 die Unternehmenskommunikation und ist verantwortlich für die Kommunikation aller Konzerngesellschaften, den Stakeholder Dialog, die Markenführung und das Nachhaltigkeitsmanagement. Seit 2011 ist sie Präsidentin der Regio Basiliensis.

Korrespondenzadresse: Swisscom Unternehmenskommunikation, Postfach, CH-3050 Bern (kathrin.amacker@swisscom.com)

DENISE BUSER, geboren 1959, Prof. Dr. iur., Titularprofessorin für kantonales Staatsrecht an der Juristischen Fakultät der Universität Basel. Promotion (1990) und Titularprofessur (seit 2006) an der Universität Basel. Akademische Adjunktin im Justizdepartement Basel-Stadt (1988–2001), Mitinhaberin der privaten Forschungsgemeinschaft Mensch im Recht (seit 1997), freie wissenschaftliche Mitarbeiterin am Lehrstuhl für Kirchenrecht und Staatskirchenrecht der Universität Luzern (seit 1998), Dozentin für das Fach Recht und Ethik beim Nachdiplomstudium Kulturmanagement der Universität Basel (seit 1999), ordentliche Strafrichterin am Strafgericht Basel-Stadt (2001–2011), Verfassungsrätin im baselstädtischen Verfassungsrat (2003–2005), selbstständige Gutachterin (seit 2001), Trägerin des Wissenschaftspreises der Stadt Basel (2006).

Forschungsschwerpunkte: Kantonales Staats- und Verwaltungsrecht; Gleichstellungsrecht (mit Schwerpunkt: Religion); juristische Fachdidaktik, Menschenrechtsbildung (für Kulturmanager/innen, Theolog/innen).

Veröffentlichungen (Auswahl): *Kantonales Staatsrecht, Eine Einführung für Studium und Praxis,* 2. Aufl., Basel 2011. *Die Entstehung der Baselstädtischen Verfassung vom 23. März 2005,* Schriftenreihe des Justiz- und Sicherheitsdepartements Basel-Stadt (zusammen mit Michael Albrecht), Basel 2010. *Moderne Akzente in der baselstädtischen Kantonsverfassung - im Vergleich mit anderen Kantonen,* in: Denise Buser (Hrsg.), Neues Handbuch des Staats- und Verwaltungsrechts des Kantons Basel-Stadt, Basel 2008, S. 1 ff. *Baselstädtisches Gleichstellungsrecht,* in:

Denise Buser (Hrsg.), Neues Handbuch des Staats- und Verwaltungsrechts des Kantons Basel-Stadt, Basel 2008, S. 989 ff.. *Grosser Rat, Regierungsrat, Verwaltung und Ombudsstelle*, in: Denise Buser (Hrsg.), Neues Handbuch des Staats- und Verwaltungsrechts des Kantons Basel-Stadt, Basel 2008, S. 347 ff. *Die katholische Priesterin – ein (juristisches) Hirngespinst?*, in: Monika Egger et al. (Hrsg.), WoMan in Church, Kirche und Amt im Kontext der Geschlechterfrage, Berlin 2006, S. 53 ff. *Beteiligungen an Atomenergieanlagen – in den Kantonen demokratisch abgesichert?*, in: AJP 4/2006, S. 387 ff.

Korrespondenzadresse: Juristische Fakultät der Universität Basel, Peter Merian-Weg 8, CH-4002 Basel (https://ius.unibas.ch, denise.buser@unibas.ch).

PATRICK LEYPOLDT, geboren 1974, Dr. phil., Leiter Geschäftsstelle Agglomerationsprogramm Basel. Promotion (2009) an der Universität Basel. Projektleiter bei der Prognos AG (ProgTrans AG), Basel (2002–2007), dort u. a. Mitwirkung an den Projekten Shell Pkw-Szenarien bis 2030, Flexibilität bestimmt Motorisierung, Szenarien des Pkw-Bestands und der Neuzulassungen in Deutschland bis zum Jahr 2020 (im Auftrag der Shell Deutschland Oil, Extern Affairs Europe), Perspektiven des schweizerischen Personenverkehrs bis 2030 (im Auftrag des Bundesamts für Raumentwicklung ARE) sowie Aktualisierung der Wegekostenrechnung als Grundlagen für die Bemessung der Lkw-Mauten auf Autobahnen (für das deutsche Bundesministerium für Verkehr, Bau- und Stadtentwicklung BMVBS). Tätigkeit beim Tiefbauamt der Stadt Zürich, Leitung der Projekte Agglomerationsprogramm des Kanton Zürich, Regionales Gesamtverkehrskonzept Stadt Zürich und Verkehr 2050 – Die räumlichen und gesellschaftlichen Rahmenbedingungen von morgen als Herausforderung für die heutige Mobilitätsstrategie. Seit 2011 leitet Patrick Leypoldt das Agglomerationsprogramm Basel, in dem die übergeordneten Planungen in den Bereichen Siedlung und Verkehr über die gesamte trinationale Agglomeration koordiniert werden.

Veröffentlichungen (Auswahl): *Life Cycle Cost Analysis of Infrastructure Networks: The case of the German federal trunk roads* (gemeinsam mit S. Rommerskirchen, W. Rothengatter und A. Greinus), Karlsruher Beiträge zur wirtschaftspolitischen Forschung, Nomos, 2009. *Potenziale der Nordostpassage bis 2050. Die Nordostpassage als Alternative zu den bestehenden Seeverkehrsrouten zwischen Europa und Asien*, SVH Verlag, 2009. *Potenziale der Nordostpassage*, in: Internationales Verkehrswesen, Jg. 62, Nr. 6, 2010, S. 35-37. *Hamburg-Shanghai via Arktis*, in: Hansa (International Maritime Journal), Bd. 147.2010, Nr. 10, S. 88-92. *Eine allgemeine Vignette für Pkfz in Deutschland?* in: Internationales Verkehrswesen, Jg.: 59, Nr.7/8, 2007, S. 321-324 (gemeinsam mit S. Rommerskirchen und A. Greinus). *Mobilitätstrategie Stadt Zürich: Controlling anhand von Leitprojekten*, in: Strasse und Verkehr, Jg. 95, 6, 2009, S. 14–17.

Korrespondenzadresse: Geschäftsstelle Agglomerationsprogramm Basel, Rheinstrasse 29, CH-4410 Liestal (patrick.leypoldt@agglobasel.org).

UELI MÄDER, geboren 1951, Prof. Dr., Ordinarius für Soziologie an der Universität Basel, Co-Leiter des Seminars für Soziologie und des Nachdiplomstudiums in Konfliktanalysen und Konfliktbewältigung. Teilzeitprofessur an der Hochschule für Soziale Arbeit. Arbeitsgebiete: soziale Ungleichheit und Konfliktforschung.

Veröffentlichungen (Auswahl): *Soziale Ungleichheit und Konflikte* (gemeinsam mit Laurent Goetschel und Simon Mugier, 2012). *Soziale Kontrolle und Disziplinierung* (gemeinsam mit Peter Aebersold und Simon Mugier, 2012). *Wie Reiche denken und lenken* (gemeinsam mit Ganga Jey Aratnam und Sarah Schilliger, 2010).

Korrespondenzadresse: Seminar für Soziologie, Petersgraben 27, CH-4051 Basel (ueli.maeder@unibas.ch).

STEPHAN MATHIS, lic. iur., 1955, Arlesheim, stv. Leiter des Rechtsdiensts des Regierungsrats des Kantons Basel-Landschaft 1985–1989, stv. Generalsekretär der Sicherheitsdirektion des Kantons Basel-Landschaft 1989–1998, Generalsekretär der Sicherheitsdirektion seit 1999.

Korrespondenzadresse: Sicherheitsdirektion des Kantons Basel-Landschaft, Generalsekretariat, Rathausstrasse 2, CH-4410 Liestal (stephan.mathis@bl.ch).

LUKAS OTT, lic. phil., geboren 1966, Studium an der Universität Basel (Soziologie, Kunstgeschichte und Botanik). Arbeitsgebiete: Rechts- und politische Soziologie sowie Sozial- und Kulturgeschichte. Als Publizist und Konsulent seit 1997 Inhaber eines Büros für Politikforschung und Kommunikation. Politische Tätigeit: Von 1987–1996 Mitglied des Landrates des Kantons Basel-Landschaft und Präsident der Justiz- und Polizeikommission (1993–1995) sowie der Spezialkommission Landratsgesetz (1992–1995). Von 1992–2000 Mitglied des Einwohnerrates der Stadt Liestal, seit 2000 Stadtrat (Vorsteher Departement Bildung), Stadtpräsident ab 2012. 2006–2011 nebenamtlicher Richter am Verfahrensgericht in Strafsachen des Kantons Basel-Landschaft.

Veröffentlichungen (Auswahl): *Baselland verstehen. Über Geschichte und Befindlichkeit des Landkantons* (2011). *Menschen an der Arbeit* (Reihe"bild.geschichten. bl., Bd. 3; Liestal 2011). *Grenzenlos. Grüne Ideen für die Nordwestschweiz und den Oberrhein* (gemeinsam mit Markus Ritter; Basel 2008). *Revoluzzer-Gemeinden von der Stadt getrennt. Zur Proklamation des Kantons Basel-Landschaft 1832* (2007). *Zur Identität des Kantons Basel-Landschaft*, in: Museum.BL (Hrsg.), ‹Land der Kirschen – Kanton der Strassen?› (Liestal 2005). *Der Landrat*, in: Kurt Jenny, Alex Achermann, Stephan Mathis, Lukas Ott (Hrsg.), Staats- und Verwaltungsrecht des Kantons Basel-Landschaft I (Liestal 1999), S. 135–174.

Korrespondenzadresse: Baumgartenstrasse 1, CH-4410 Liestal (www.buerolukasott.ch, lukasott@dplanet.ch).

ROLAND PLATTNER-STEINMANN, geboren 1959, Dr. iur., Promotion (Tatsächliches Verwaltungshandeln, 1988) an der Universität Basel. Akademischer Adjunkt und Sekretär der Baurekurskommission Basel-Stadt (1988–1994); selbstständige Tätigkeit Plattner Schulz Partner AG (interdisziplinäres Beratungs- und Forschungsteam in Basel), daneben Rechtskonsulent der Stadt Olten und nebenamtlicher Rechtsdozent an der Fachhochschule beider Basel in Muttenz. 2003–2009 Stadtverwalter der Stadt Liestal. 1996–2000 nebenamtlicher Richter am Enteignungsgericht Basel-Landschaft, teilweise in präsidialer Funktion. 2000–2004 Landrat, ab 2001 Präsident der landrätlichen Finanzkommission. Mehrjährige Tätigkeit als Experte im Rahmen der Osthilfe Schweiz, Justizreformprojekt Ukraine. 1996–2000 Mitglied Divisionsgericht 8, seit 2009 Legal Advisor Territorialregion 2, Oberstleutnant. Seit 2009 Generalsekretär Bildungs-, Kultur- und Sportdirektion des Kantons Basel-Landschaft.

Korrespondenzadresse: Bildungs-, Kultur- und Sportdirektion, Generalsekretariat, Rheinstrasse 31, CH-4410 Liestal (roland.plattner@bl.ch).

ISAAC REBER, Raumplaner ETH/NDS/SIA, dipl. Geograph, geboren 1961, Sissach, Baselbieter Regierungsrat und Vorsteher der Sicherheitsdirektion seit 2011, Landrat 2001–2011, Gemeinderat Sissach 1996–2001, stellvertretender Geschäftsführer Energie Zukunft Schweiz 2009–2011 Geschäftsleiter Logis Bâle 2003–2008.

Korrespondenzadresse: Sicherheitsdirektion des Kantons Basel-Landschaft, Generalsekretariat, Rathausstrasse 2, CH-4410 Liestal (issac.reber@bl.ch).

FRANZISKA RITTER, lic. iur., Advokatin, geboren 1958, selbständige Beraterin und Projektmanagerin mit Spezialisierung auf die strategische Beratung von Umweltprojekten, Mediatorin. Als leitende Angestellte in der Chemieindustrie langjährige Erfahrung in den Bereichen Nachhaltigkeitsmanagement, Umweltschutz, Produktsicherheit und Issues Management, zuletzt verantwortlich für globale Risikokonzepte und -beurteilungen. Bis Juni 2011 Präsidentin der Steuerrekurskommission Basel-Stadt. 2009/2010 Ausbildung zur Mediatorin am IRP der Universität St. Gallen. Von 1986–1992 Gerichtsschreiberin am Verwaltungsgericht des Kantons Basel-Landschaft.

Korrespondenzadresse: Müllheimerstrasse 138, CH-4057 Basel (ecoconsult@f-ritter.ch)

RUTH CÄZILIA VOGGENSPERGER, lic.iur., Managerin Nonprofit NDS FH, Autorin, stv. Leiterin Rechtsdienst SRK Schweiz, Geschäftsstelle Bern (seit 2006). Schwerpunkte: Vereins- und Stiftungsrecht, Arbeitsrecht, Familienrecht, Genderfragen, Berufsbildung und öffentliches Recht. Lehraufträge an der Zürcher Fachhochschule Winterthur (ZAHW/2006) und an der Fachhochschule Nordwestschweiz (FHNW). Aufgewachsen in Münchenstein und Muttenz, seit 1980 wohnhaft in Basel. Längere Aufenthalte in Cambridge UK und Sydney NSW. Während vier und sieben Jahren leitete sie das Büro für Gleichstellung des Kantons Basel-Landschaft (bis 1996) und die Fachstelle für Frauenfragen der Evang.-Ref. Landeskirche des Kantons Aargau (bis 2003). Von 2003 bis 2006 leitete sie das schweizerische Projekt «Swiss NPO-Code – Corporate Governance für humanitäre und sozialdienstleistende Organisationen», welches eigene Corporate Governance-Standards für grosse sozialdienstleistende und humanitäre Organisationen schuf. Seit 2008 Vorstandsmitglied und Rechtskonsulentin der Ge.m.a. Genossenschaft Mensch und Arbeit, welche erwerbslose und leistungsschwächere Menschen in den Arbeitsmarkt integriert und sie in der Berufsentwicklung unterstützt.

Veröffentlichungen (Auswahl): *Gutes besser tun – Corporate Governance für Nonprofit-Organisationen* (Hrsg. Voggensperger/Bienek(Thaler/Schneider), Bern/Stuttgart/Wien 2004.

Korrespondenzadresse: Lachenstr. 15, CH-4056 Basel (ruth.voggensperger@redcross.ch/voggensperger@balcab.ch)

DANIEL WIENER, MAS in Arts Management, Autor, Journalist, Moderator, geboren 1953 in Bern, aufgewachsen in Liestal, seit 1973 wohnhaft in Basel. Gründer und Geschäftsleiter von ecos, einem der führenden Schweizer Beratungsunternehmen für Nachhaltige Entwicklung mit Sitz in Basel; Präsident und Gründer der Global Energy Basel Foundation; Vorstandsmitglied der Gold Standard Foundation, swisscleantech Association, Basel Agency for Sustainable Energy und der Stiftung Oekomedia. Daniel Wiener ist Kolumnist und hat mehrere Bücher sowie zahlreiche Artikel zum Thema Stadtentwicklung und Nachhaltigkeit verfasst.

Korrespondenzadresse: ecos, Elisabethenstrasse 22, CH-4051 Basel (daniel.wiener@ecos.ch)

URS WÜTHRICH-PELLOLI, geboren 1954, seit 2003 Mitglied des Regierungsrates und Vorsteher der Bildungs-, Kultur- und Sportdirektion des Kantons Basel-Landschaft; kaufmännische Ausbildung und Fachausbildung im Gesundheitsbereich. Vorherige berufliche Tätigkeit: 1973–1976 Kaufmann; 1979–1980 Aufbau und Leitung Rehab-WG Psychiatrische Klinik Solothurn; 1981–2003 Zentralsekretär vpod, Mitglied der Geschäftsleitung; 1990–2003 Lehrbeauftragter Kaderschulung Gesundheitsberufe sowie an Berufsschulen für Pflege. Politische Tätigkeit: 1977–1980 Mitglied des Gemeinderates Zuchwil; 1989–2001 Mitglied der Sozialhilfebehörde Sissach; 1994–2003 Präsident des Gewerkschaftsbundes BL; 1995–2003 Mitglied des Landrates BL, ab 1997 Fraktionspräsident; seit 1997 Mitglied der Geschäftsleitung der SP BL, Delegierter der SP Schweiz; Mitglied Universitätsrat Universität Basel, Mitglied Regierungsausschuss Fachhochschule und Bildungsraum Nordwestschweiz, Präsident Bildungsrat und Kulturrat Baselland, Mitglied Präsidium Oberrheinkonferenz, Regierungspräsident von 2006–2007 uns von 2009–2010.

Korrespondenzadresse: Bildungs-, Kultur- und Sportdirektion des Kantons Basel-Landschaft, Rheinstrasse 31, CH-4410 Liestal (urs.wuethrich@bl.ch)